史學研究叢書・歷史文化叢刊

王權與法律：
中古後期西歐知識分子的政治思想研究

趙卓然　著

本書為2022年度教育部人文社會科學研究規劃青年基金「國家建構視閾下西歐中古後期有機體隱喻思想研究」（項目號：22YJC770033）的階段性成果。

目次

緒論 ··· 1

第一章　中世紀西歐的知識氛圍 ·· 1

　　第一節　大學的興起 ··· 1
　　　　一　城市的復興 ··· 2
　　　　二　基督教的作用 ·· 4
　　　　三　王權的支持 ··· 7
　　　　四　學者個人的貢獻 ·· 9
　　第二節　古典文化的復興 ·· 11
　　　　一　伊斯蘭文化的影響 ··· 11
　　　　二　羅馬法復興 ··· 13
　　　　三　亞里士多德革命 ·· 16

第二章　亨利・德・布拉克頓 ··· 21

　　第一節　王權與法律關係 ·· 22
　　第二節　反暴君論 ··· 27

第三章　托馬斯・阿奎那 ································ 31

　　第一節　民權論 ···································· 33
　　第二節　王權論 ···································· 37
　　　　　　一　王權有限 ································ 37
　　　　　　二　反暴君暴政 ······························ 39

第四章　帕多瓦的馬西利烏斯 ·························· 43

　　第一節　法律觀 ···································· 45
　　　　　　一　法律和正義 ······························ 45
　　　　　　二　法律類型 ································ 50
　　　　　　三　立法權在民（人民立法者）················ 52
　　第二節　有機體論 ·································· 57
　　　　　　一　有機體論內容 ···························· 61
　　　　　　二　有機體各部位的關係 ······················ 68

第五章　克里斯蒂娜・德・皮桑 ························ 73

　　第一節　國家有機體論 ······························ 75
　　　　　　一　有機體論概述 ···························· 78
　　　　　　二　各階層的關係 ···························· 87
　　第二節　女性參政觀 ································ 93

第六章　約翰・福蒂斯丘 ······························ 99

　　第一節　君主論 ···································· 100
　　　　　　一　對君主的法律教育 ························ 100
　　　　　　二　反對暴君暴政 ···························· 102

第二節　政體論……………………………………………104

結語 ……………………………………………………113

參考文獻 ………………………………………………117

緒論

中世紀西歐的「知識分子」(intellectuals, *intellegibilis*)作為一種新興階層出現於十二世紀，並且在社會裡扮演著不同角色，不僅包括學校的老師(master, *magister*)和學生，還有律師、醫生、宮廷和教廷顧問等。中世紀知識分子的思想以及他們展開的活動，對中世紀西歐國家的發展影響巨大，對此，國內外學界都有研究。

國外學界，首先，學者對知識分子群體的作品和活動作了較為深入的研究。法國年鑒學派代表人物雅克·勒高夫在《中世紀的知識分子》(*Les Intellectuels Au Moyen Age*)[1]一書中，對知識分子一詞進行了界定，指出知識分子是以思想和傳授其思想為職業的人，將教士身份隱藏在背後，凸顯其「勞動者」的特性，這一群體構成了中世紀西歐文化復興的主力。

> 十二世紀的城市知識分子覺得自己實際上就像手工工匠，就同其他城市市民平等的專業人員。他們的專業是「自由藝術」。然而，什麼叫「藝術」？它不是一門科學，而是一門技藝。藝術是技藝。它是教授們的專長，就像蓋房子的木匠及鐵匠的專長。……作為專業人員，知識分子意識到從事自己職業的必要性。他們認識到科學與教學之間的必然聯繫。他們不再認為科

---

1 〔法〕雅克·勒戈夫著，張弘譯：《中世紀的知識分子》(北京市：商務印書館，1996年)。

學需要像珍寶一樣看管起來,相反,相信應該讓科學得到廣泛流傳。學校就是車間,思想從中就像商品一樣生產出來。[2]

他特別強調,中世紀的知識分子對於未來具有積極的展望態度,但是對於理性本身的信仰或者崇拜又並不像後世那樣狂熱。理查德‧C‧戴爾斯在《西歐中世紀的知識分子生活》(*The Intellectual Life of Western Europe in the Middle Ages*)[3]一書中,介紹了羅馬帝國時期、加洛林時代及中世紀盛期的知識分子生活,關注了中世紀時期的文藝復興,哲學、科學思想和大學生活。萊斯利‧史密斯等編輯的《中世紀的知識分子生活:獻給瑪格麗特‧吉布森的論文集》(*Intellectual Life in the Middle Ages: Essays Presented to Margaret Gibson*)[4]一書中,闡述了多位知識分子的生活經歷。還有一些學者關注中世紀盛期的文藝復興,多有涉及知識分子的作品和活動。如美國著名的中世紀史學家哈斯金斯在《十二世紀文藝復興》(*The Renaissance of the 12th Century*)[5]中提出十二世紀文藝復興的概念,認為這是歐洲中世紀最重要的一次知識復興,涉及範圍廣泛,並且他從拉丁古典著作、法學、拉丁語、歷史著述、希臘文與阿拉伯文翻譯、科學和哲學的復興以及大學的興起等方面進行了專題考察,論述了一些知識分子的代表作。

其次,關於中世紀思想觀念、理論和制度的著作很多,如卡萊爾兄弟的六卷本《西方中古政治理論》(*A History of Medieval Political*

2　同前註,頁55-57。

3　Richard C. Dales, *The Intellectual Life of Western Europe in the Middle Ages*, Washington, D.C.: University Press of America, 1980.

4　Lesley Smith and Benedicta Ward, ed., *Intellectual life in the Middle Ages: Essays Presented to Margaret Gibson*, London: Hambledon, 1992.

5　〔美〕查爾斯‧霍默‧哈斯金斯著,夏繼果譯:《十二世紀文藝復興》(上海市:上海人民出版社,2005年)。

Theory in the West）⁶，從王權和教權鬥爭理論中考察王權觀念的發展，強調法律的重要地位。這部著作過於關注法治、權利等內容，對與之衝突的王權觀念沒有充分闡釋，特別是在亞里士多德革命後思想家王權觀念的變化關注較少。康托洛維茨的《國王的兩個身體：中世紀政治神學研究》（*The King's Two Bodies: A Study in Mediaeval Political Theology*）⁷，指出中世紀王權與教會、教皇的定位、中世紀盛行的政治神秘體觀念、政治有機體論、關於法律的基本理念、關於公共財政的觀念、愛國主義的興起都密切相關。蒂爾尼的《教會和國家的危機：1050-1300》（*The Crisis of Church and State, 1050-1300: with Selected Documents*）指出教權和王權觀念發展過程中的爭鬥對王權觀念影響巨大，並且闡述了「國王的神聖權利」觀念的根源。厄爾曼的《中世紀政治思想史》（*A History of Medieval Political Theory*），認為中世紀政治觀念的歷史在很大程度上是兩種政治理論即「下源理論」（「民授理論」）和「上源理論」（「神授理論」）的鬥爭。這些作品關注整個中世紀的思想理論，沒有將知識分子群體作為研究對象。

最後，關於中世紀學者著作的研究更為豐富，比如有關阿伯拉爾、索爾茲伯里的約翰、布拉克頓、巴黎的約翰、帕多瓦的馬西利烏斯、奧卡姆的威廉等相關著書和論文較多。如關於索爾茲伯里的約翰，代表性的有漢斯·利貝許茨（Hans Liebeschütz）的著作《索爾茲伯里的約翰的生活和著作中體現的中世紀人文主義》（*Mediaeval Humanism in the Life and Writings of John of Salisbury*）⁸，通過分析約翰的生活背

---

6 R. W. Carlyle and A. J. Carlyle, *A History of Mediaeval Political Theory in the West*, Vol.1-6, Edinburgh and London: William Blackwood and sons, 1903-1936.

7 Ernst H. Kantorowicz, *The King's Two Bodies: A Study in Mediaeval Political Theology*, Princeton and Chichester: Princeton University Press, 1997.

8 Hans Liebeschütz, *Mediaeval Humanism in the Life and Writings of John of Salisbury*, Nendeln: Kraus Reprint, 1968.

景和經歷及其著作，總結了他的一生的活動和思想，其中概述了他的五個政治觀念——國家（res publica），君主（principatus），暴君（tyrannus），自由和法律（libertas and lex）和永恆的羅馬（Roma aeterna）。儘管利貝許茨使用了人文主義一詞，但更多的是關注約翰的政治觀點；約翰任沙特爾主教時，仍舊學習古典知識，作者卻忽視了這一時期約翰活動中體現的人文主義，他對約翰的人文主義觀點的闡述並不充分。關於法國女作家克里斯蒂娜・德・皮桑的代表性研究成果有：福朗的《多人統治、職責和反抗：索爾茲伯里的約翰和克里斯蒂娜・德・皮桑的有機體論》（Polycracy, Obligation, and Revolt: The Body Politic in John of Salisbury and Christine de Pizan）[9]，闡述了《論政府原理》中的有機體論，並分析了約翰對皮桑的影響。羅莎琳德・布朗・格蘭特的《克里斯蒂娜・德・皮桑與女性的道德辯護：超越性別的閱讀》[10]，對克里斯蒂娜不同的作品進行分析，闡述了女性在德性、學識、才能等方面和男性一樣，女性要參與到政治生活中來。

有關帕多瓦的馬西利烏斯（Marsilius of Padua）的思想研究有：艾切萊的《國家的心臟和靈魂：亞里士多德本體論及帕多瓦的馬西利烏斯〈和平的保衛者〉的中世紀醫學理論的一些評論》（Heart and Soul of the State: Some Remarks Concerning Aristotelian Ontology and Medieval Theory of Medicine in Marsilius of Padua's Defensor Parcis）[11]，

---

9 Kate Langdon Forhan, "Polycracy, Obligation, and Revolt: The Body Politic in John of Salisbury and Christine de Pizan", in Margaret Brabant, ed., *Politics, Gender, and Genre: the Political Thought of Christine de Pizan*, Boulder: Westview Press, 1992, pp.33-52.

10 Rosalind Brown-Grant, *Christine de Pizan and the Moral Defence of Women: Reading Beyond Gender*, Cambridge: Cambridge University Press, 1999.

11 Alexander Aichele, "Heart and Soul of the State: Some Remarks Concerning Aristotelian Ontology and Medieval Theory of Medicine in Marsilius of Padua's *Defensor Parcis*," in Gerson Moreno-Riaño, ed., *The World of Marsilius of Padua*, Turnhout: Brepols Publishers, 2006, pp.163-186.

探討了亞里士多德對國家和動物類比的運用，以及對馬西利烏斯有機體類比的影響。崇史隆的《馬西利烏斯〈和平的保衛者〉的醫學和有機體論》（*Medicine and the Body Politic in Marsilius of Padua's Defensor Pacis*）[12]，分析了醫學隱喻的含義和政治理論的醫學化，重點闡述心臟這一器官在國家有機體中的類比。此外，還有埃德溫‧卡拉漢的《約翰‧福蒂斯丘爵士的有機體：中世紀晚期的政治理論》（*The Body Politic of Sir John Fortescue: A Late Medieval Political Theory*）[13]指出福蒂斯丘有機體隱喻的運用，擴展到王國的創建與一個脫離胚胎狀態的關節相連的身體的生長之間的比擬。

儘管歐美學者對於一手資料的佔有和對自身文化的感悟，都比我們有很多優勢，但依舊存在著局限性，我們需從自己的立場和角度對中世紀盛期的知識分子王權思想活動作深入的觀察，並以此為切入點，加深對西方歷史與文化的理解，借鑒其經驗。

國內學界，孟廣林、叢日雲等學者的中古政治思想研究有利於中世紀知識分子的思想研究，但是這些著作對政治事件、政治制度背後的觀念因素的闡述較少，對相關的思想史著作利用得不夠充分，沒有將中世紀知識分子群體作為一個單獨研究對象。此外，對中世紀盛期知識分子群體的研究集中在對大學和大學教師的研究方面，比如，邢亞珍的《歐洲中世紀知識分子與大學創建》[14]和《在信仰與理性之

---

12 Takashi Shogimen, "Medicine and the Body Politic in Marsilius of Padua's *Defensor Pacis*," in Gerson Moreno-Riaño and Cary J. Nederman, eds., *A Companion to Marsilius of Padua*, Leiden: Brill, 2012, pp.71-115.

13 Edwin T., Callhan, *The Body Politic of Sir John Fortescue: A Late Medieval Political Theory*, The University of Chicago, Ph.D. dissertation, 1994.

14 邢亞珍：〈歐洲中世紀知識分子與大學創建〉，《高教探索》第1期（2013年），頁105-109。

間——論中世紀大學學者》[15]，宋曉雲的《歐洲中世紀大學教師與大學精神》，高雪飛的《中世紀大學教師研究》[16]，宋文紅的《歐洲中世紀大學：歷史描述與分析》[17]等。本人拙著《索爾茲伯里的約翰的政治思想研究》詳細闡述了約翰的人性論、有機體論和誅殺暴君論。[18]

綜上，國內外學界對中世紀知識分子群體的研究集中在作為知識分子的大學教師，很少涉及其它職業的知識分子以及他們的其它影響力。因此，本文立足於知識分子的政治思想與活動，進一步深入研究知識分子群體的王權理論及他們對現實生活的影響。

---

[15] 邢亞珍：〈在信仰與理性之間——論中世紀大學學者〉，《現代大學教育》第5期（2008年），頁21-24。

[16] 高雪飛：《中世紀大學教師研究》（保定市：河北大學碩士學位論文，2014年）。

[17] 宋文紅：《歐洲中世紀大學：歷史描述與分析》，（武漢市：華中科技大學博士學位論文，2015年）。

[18] 趙卓然：《索爾茲伯里的約翰的政治思想研究》，（北京市：九州出版社，2021年）。本書對約翰思想不在做詳細闡述。

第一章
中世紀西歐的知識氛圍

學者以及他們的相關實踐活動需要一定的制度化環境。中世紀西歐的知識分子處於這樣一種氛圍中：首先，文化教育興盛。教會教育機構包括修道院學校、教區學校等，世俗教育機構包括拉丁文法學校等初等教育機構，特別是大學這一高等教育機構的出現意義重大，七藝（人文學科）教育盛行。其次，君主對知識的倡導。當時各國教俗統治者尊重知識，採取措施發展文化教育。再次，公眾對知識的認可。十二世紀是公眾閱讀發展的轉折點，在這之前一般只有教士和統治階層的一些成員能夠閱讀，之後伴隨著多樣性文學的復興和書面文件使用的增加，到十三世紀末公眾識字已經是普遍現象。[1]最後古典典籍的翻譯和古典文化的傳播。包括希臘文典籍、阿拉伯文典籍的翻譯，羅馬法的復興，亞里士多德復興等。古典典籍的翻譯對知識分子的作品產生了重要影響。

第一節 大學的興起

在中古西歐各國，大學為知識分子提供了適宜的生存土壤。一般認為，中世紀大學興起於十二的世紀城市之中，與此同時，不少中世紀的城鎮贏得名聲，在很大程度上也要歸功於當地的學校。大學的興起背景複雜，過程繁瑣，很難確定哪個大學是第一所大學以及其成立

---

[1] L.D. Reynolds and N.G. Wilson, *Scribes and Scholars: A Guide to the Transmission of Greek and Latin Literature*, Oxford: Clarendon Press, 1991, pp.110-111.

的具體時間。中世紀大學是在西歐社會生產力和生產關係發展的基礎上，發展成為了學術知識的載體。

一 城市的復興

城市沒有產生於人類社會的開端，它作為鄉村的對立物，產生於由野蠻向文明過渡之時，或者說它是隨著原始社會的瓦解和階級國家的出現而產生的。城市興起的前提是生產的發展，社會關係的複雜化，特別是社會分工發展的結果。西歐在古羅馬時期，就已經有發達的城市出現，特別是羅馬帝國時期商業發達。而日耳曼人侵入羅馬後，作為商業中心的城市隨之衰落，因此，五到十世紀的西歐中世紀早期，儘管存在著羅馬時代保留下來的城市，但它們大多是作為宗教中心或政治中心，而且帶有農業性質，工商業活動微弱。直到十、十一世紀，作為手工業、商業中心的城市才逐漸復興。這一時期，西歐的社會環境相對穩定，農業、手工業發展迅速，商業活動頻繁，人口普遍增長。繁榮的商業活動加大了村落之間的經濟往來，使地處交通要道的村落逐步發展成為市集、鄉鎮，進而成為城市。據統計，到中世紀盛期即十三、十四世紀之交時，西歐的城市城鎮總數大約達到了一萬個左右，平均每五百平方公里就分佈有一個，或者說每隔二十多公里就能看到一個城鎮。[2]

城市的復興帶來的不僅僅是貿易活動的自由，更重要的是城市市民階層的形成。市民階層在新興的城市中，在很大程度上擁有城市管理權。市民階層由不同行業的人員組成，各個行業為了管理生產，維護他們各自的集團利益，成立自己的行會組織（guild）。馬克垚指出：「由於手工業生產本身的不同特點，使手工業分佈的地方各異，組織

---

[2] 陳恒：《西方城市史學》（北京市：商務印書館，2017年），頁120。

形式、經營方式也各有不同,不應一律看待。」³的確,城市中有各種手工業部門以及與之相適應的行會。「行會是與市民階級的產生和城市的形成同時發生的。在它們萌芽時,是組織起來的自由商人或手工藝人的團體,以幫助他們擺脫不自由的競爭和同等團體的競爭。」⁴行會不僅為維護各行業利益發揮作用,同時參與城市管理,舉辦公益事業,在行會成員中間發展互助。行會促進了教育事業的發展:「行會對教育的支持有這樣幾種形式。一種是行會聘請教師,建立學校還有就是出錢資助一些學校,而且並不以控制學校為條件還有就是行會內部的師徒契約。一個年輕人一旦跟定一個師父,雙方就要簽訂契約,後者除了要提供給前者衣食以及安全保障外,還要提供教育培訓,而從十二世紀以後,也沒有師父還是文盲的情況存在。」⁵此外,從十二世紀中葉起,市政會關心為市民階級的兒童建立學校,這是古典時代結束以來的第一批世俗學校。由於有了這些學校,教育不再為修道院的初學修士和將來的堂區神甫所獨享。文化知識為從事商業所必不可少,所以不再為教士所壟斷。⁶一般學者還認為行會這樣一種組織形式,為學術團體的實體化、制度化提供了參照:「大學社團組織的起源,正如其他職業的社團組織那樣,常常很難弄清楚。它們靠積累的成果通過每次都提供了可能的偶然事件,慢慢地組織成功。這些成果經常在事後才以規章制度的方式固定下來。」⁷中世紀大學開始為行

---

3 馬克垚:《英國封建社會研究》(北京市:商務印書館,2005年)頁237。
4 〔美〕詹姆斯‧W‧湯普遜著,徐家玲譯:《中世紀晚期歐洲經濟社會史》(北京市:商務印書館,1992年),頁539。
5 石廣盛:《歐洲中世紀大學研究》(上海市:復旦大學博士論文,2017年),頁18-19。
6 〔比利時〕亨利‧皮雷納著,陳國樑譯:《中世紀的城市》(北京市:商務印書館,2006年),頁145。
7 〔法〕雅克‧勒戈夫著,張弘譯:《中世紀的知識分子》(北京市:商務印書館,1996年),頁60。

會性的組織模式，當時的教師或學生群體為維護自身的利益形成了教師行會或學生行會。

總之，城市生活豐富了中世紀的精神財富，導致了對知識的大量需求，吸引了眾多學者的彙集，促進了廣泛的尊重知識的社會風氣的形成。正如雅克・勒戈夫（J. Le Goff）所說：「在西方國家，中世紀的知識分子隨著城市而誕生。在城市同商業和工業（說得謙遜一點兒是手工業）共同走向繁榮的背景下，知識分子作為一種專業人員出現了，他在實現了勞動分工的城市裡安家落戶。⋯⋯一個以寫作或教學，更確切地說同時以寫作和教學為職業的人，一個以教授與學者的身份進行專業活動的人，簡言之，知識分子這樣的人，只能在城市裡出現。」[8]

二　基督教的作用

中世紀的大學宗教色彩濃厚，基督教的教育機構為中世紀大學的產生奠定了組織基礎，有的大學甚至就是從教會的主教學校和修道院學校發展而來的。西羅馬帝國崩潰，日耳曼蠻族入侵，在一定程度上破壞了原有的古典文化，但日耳曼蠻族很快皈依了正統的基督教。基督教逐步一統拉丁西方世界，在政治、經濟、社會文化等各個領域發揮了重大作用，正如美國著名歷史學家威爾・杜蘭特描述：「羅馬天主教會是人類歷史上最偉大的傑作之一，十九個世紀以來，每個世紀都充滿著危機，但是她都能令其信徒結合在一起，神職人員跋涉天涯海角為信徒服務，養成他們的心智，塑造他們的道德，鼓勵他們傳宗

8　〔法〕雅克・勒戈夫著，張弘譯：《中世紀的知識分子》（北京市：商務印書館，1996年），頁4。

接代，主持男婚女嫁，慰藉喪親之痛，昇華短暫的人生為永垂不朽的戲劇，接受他們的饋贈，跨越一覺思想和叛亂，耐心地重建構成其力量的每一根破敗了的柱子。」[9]

基督教會組織在中世紀早期承擔了文化傳承與傳播的職責，「修道院和大教堂的繕寫室對於提供文本起著積極的作用」[10]。加洛林時代的基督教學校主要有兩種：第一種是修道院學校，這種學校一般有內學和外學之分，內學是教育新入修道院的新信徒，他們最為未來的修士而受教育；外學是為非本院的外界俗人而設，不住院內，他們學成後仍為俗人。[11]他們不得不教授讀和寫，以及那些為教會事務和儀式所必需的藝術和科學，如書法、繪畫，音樂，尤其是年代學和曆法知識。[12]第二種為大教堂學校，因是主教區大教堂附設的學校，故又稱「主教學校」。大教堂學校約創始於七世紀的英格蘭，此時的坎特伯雷和約克已經有了文法學校和歌詠學校，這兩者都是大教堂所附設的學校。到十一、十二世紀時，著名的城市大教堂學校有巴黎、沙特爾、奧爾良、圖爾、萊昂、蘭斯、列日、科隆、約克、坎特伯雷等。[13]查理曼時代後，文化教育水平又開始下降：「到了公元十世紀，由於社會政治的內憂外患，歐洲大部分地區的整體教育水平幾乎又跌回到八世紀的原點。然而值得欣慰的是，在這期間總算還一直都活躍著幾個碩果僅存的、能夠提供相對優質教育的修道院或主教座堂。正是由於

---

9 〔美〕威爾‧杜蘭特著，臺灣幼獅文化譯：《文明的故事（4）信仰的時代》（北京市：天地出版社，2018年），頁54-55。
10 同前註，頁111。
11 毛麗婭：《天堂地獄：基督教文明》（成都市：四川人民出版社，2002年），頁206。
12 〔英〕克里斯托弗‧道森著，長川某譯：《宗教與西方文化的興起》（成都市：四川人民出版社，1989年），頁49。
13 毛麗婭：《天堂地獄：基督教文明》（成都市：四川人民出版社，2002年），頁209-210。

上述教會機構對於加洛林教育的薪火相傳，我們才敢於作出這樣一個大膽的論斷：一切溯源於阿爾昆那裡的智慧財富，都從未真正地消逝。知識的火炬在一代代地傳承下去，新秩序的種子也被播種到了歐洲大地深厚的土壤中，一切的一切，都在等待著十一世紀初期第一批豐收果實採摘時刻的到來。」[14]

一○七八年，教皇格里高利七世（Gregory VII，約1015-1085，1073-1085年任職）的改革要求所有的大教會都應該有學校，所有的主教都應該設立七藝的教授。[15]高等教育教授的七藝（Artes Liberales，Liberal Arts，近代又稱博雅技藝／教育或通識教育），分為基本的「前三藝」（Trivium）——文法（Grammar）、修辭（Rhetoric）、辯證（Dialectic）和「後四藝」（Quadrivium，也稱四學科）——算術（Arithmetic）、幾何（Geometry）、天文（Astronomy）、音樂（Music）。法學、神學和醫學等要在掌握了這些學科後才能進一步學習，其中神學被認為是「所有藝術的女皇」[16]。在改革之前，英格蘭著名的知識分子索爾茲伯里的約翰在法國的學習就已經包括了七藝和神學。他在《邏輯論》表述了對七藝的維護，以及要閱讀詩人、演說家和歷史學家的作品，「『詩歌為哲學的發源』這是公理。此外，先輩告訴我們七藝學習非常有用，掌握了七藝，即使在沒有教師的情況下，也會理解所有的書籍和文字。正如昆提利安（Marcus Fabius Quintilianus，約35-約100）所說：『這些學習不會傷害那些掌握了的人，而是停滯不前

---

14 〔英〕海斯汀・拉斯達爾著，崔延強、鄧磊譯：《中世紀的歐洲大學——大學的起源》（重慶市：重慶大學出版社，2011年），頁18。

15 Beryl Smalley, *The Becket Conflict and the Schools: A Study of Intellectuals in Politics*, Oxford: Basil Blackwell, 1973, p.18.

16 Stephen C. Ferruolo, *The Origins of the University: The Schools of Paris and Their Critics, 1100-1215*, Stanford, California: Stanford University Press, 1985, p.183.

的人。』」[17]「語法是『使讀寫正確的科學,通識教育的起點。』語法是所有哲學的發源,還有一種說法,是研讀所有文字的首要幫助。」[18]雖然大多到十三世紀大教堂學校才最終擺脫了教會控制,但這些早期的大教堂學校是今天歐洲著名大學的前身,並為中世紀中期大學的興起培養了一批教師。[19]

總之,中世紀時期的教育和教會密不可分,正如海斯汀・拉斯達爾所說:「中世紀教育的教會性格源自一個歷史現實,即自從羅馬文明凋零殆盡之後,教士們幾乎成為唯一佔有並需要知識的階層。」[20]大部分教區的神職人員是有文化的,他們對古典文本的抄寫和研究促進了文化的傳承與發展,比如在系統研究基督教教義的神學討論過程中也促進了哲學的發展。基督教會學校不僅為教士提供教育服務,也有利於在俗人員提高文化水平,為之後大學的興起奠定了基礎。雖然早期的大學與教會也不斷有衝突,但在大學興起的時代,這些摩擦基本沒有影響到大學的健康發展。

三　王權的支持

中世紀教育的發展離不開國王的支持。日耳曼蠻族雖在羅馬帝國

17　John of Salisbury, *The Metalogicon of John of Salisbury: A Twelfth-century Defense of the Verbal and Logical Arts of the Trivium*, Translated with Introduction & Notes by Daniel D. McGarry, Berkley and Los Angeles: University of California Press, 1962, p.63.

18　John of Salisbury, *The Metalogicon of John of Salisbury: A Twelfth-century Defense of the Verbal and Logical Arts of the Trivium*, Translated with Introduction & Notes by Daniel D. McGarry, Berkley and Los Angeles: University of California Press, 1962, p.37.

19　〔英〕斯沃比:《騎士之愛與遊吟詩人》(上海市:上海社會科學院出版社,2013年),頁21。

20　〔英〕海斯汀・拉斯達爾著,崔延強、鄧磊譯:《中世紀的歐洲大學——大學的起源》(重慶市:重慶大學出版社,2011年),頁16。

的舊址上建立了國家,但是他們文化水平較低,除了神職人員以外,大多不會讀寫。查理曼統治時期,重視文化教育,在各地的教堂和修道院建立學校,進行基礎人文教育,保存和傳播了古典與基督教文化;同時吸納歐洲各地的飽學之士,在宮廷中為查理曼服務,讓他們創辦學校或者擔任一些學校的校長,提高教育水平。這樣了形成重視知識輕出身的氛圍,任何人都可以憑藉學識而得到重用,這些舉措對整理和保存基督教古典文化起到了重要作用。正如馬仁邦講道:「古典文獻和學問最重要的證明,都是從加洛林抄本沿襲下來的。」[21]

查理曼時代數百年後,巴黎地區迅速發展,歐洲各地學者彙聚於此。國王保護該地區的師生:「據說,法王路易七世曾正式承認巴黎教師具有合法中止課堂教學的權利,並以此作為對大學教師或學生遭遇暴行迫害的抗議和迫使當局採取糾正措施的手段。」[22]英格蘭地區教育的發展同樣有國王的支持:「國王為了向學者們提供舒適的生活而給予了他們父親般的關懷。國王命令,一切馬上比武和長矛競技都不得在牛津城及其附近的地區舉行,以免打擾學者們的學術研究。」[23]

還有一些學校是在國王的支持下建立,例如西班牙國王在沒有經過教皇與神聖帝國君主首肯的情況下便自行建立了一所學科研習所,後來法理學家們也基本上承認了其宣稱的合法地位,將其納入「大學」之列。[24]

---

21 〔英〕約翰・馬仁邦主編,孫毅等譯:《中世紀哲學》(北京市:中國人民大學出版社,2009年),頁107。
22 〔英〕海斯汀・拉斯達爾著,崔延強、鄧磊譯:《中世紀的歐洲大學——在上帝與塵世之間》(重慶市:重慶大學出版社,2011年),頁13。
23 〔英〕海斯汀・拉斯達爾著,鄧磊譯:《中世紀的歐洲大學——博雅大學的興起》(重慶市:重慶大學出版社,2011年),頁49。
24 〔英〕海斯汀・拉斯達爾著,崔延強、鄧磊譯:《中世紀的歐洲大學——大學的起源》(重慶市:重慶大學出版社,2011年),頁7-8。

綜上，君主對大學的支持是為了維護統治下的繁榮。世俗政權認識到大學的存在可以吸引更多的學者，為城市帶來聲譽。隨著王權日益加強，對大學的控制與干涉增多，而大學不斷地爭取自治權利，大學與王權的博弈始終存在。

四　學者個人的貢獻

中世紀西歐的知識分子在大學創建的過程中起到了重要作用。首先，知識分子翻譯了大批古典文獻，填補了拉丁遺產在西方文化中造成的空白。「最早類型的研究者和專業化的知識分子，像威尼斯的雅各布，比薩的布昆狄奧，貝加摩的摩西，在拜占廷和北義大利工作過的列昂・圖斯庫，在西西里島巴勒莫的阿里斯蒂波，巴斯的阿德拉爾，蒂沃利的普拉東，達爾馬提亞人赫爾曼，克特的羅伯特，桑塔拉的雨果，岡第薩爾維，在西班牙的克雷莫納的格哈德」[25]，這些翻譯家們將希臘哲學科學、阿拉伯作品重新引介到了拉丁西方，為大學的興起創造了條件。

其次，知識分子聚集的城市形成了學術中心。比如，拉昂的安瑟爾謨（Anslem of Laon）使得他的家鄉成為神學發展的中心；巴黎吸引了阿伯拉爾（Abelard），聖維克托的於格（Hugh）等神學家；托萊多（Toledo）的天主教學校有多米尼克會的岡迪薩里努斯，克里蒙那的傑拉德（Gerard of Cremona），蘇格蘭人邁克爾・司各特（Michael Scotus），以及英格蘭人塞里切爾的阿爾弗雷德（Alfred of Sareschal）等，他們曾把亞里士多德的著作及其阿拉伯注釋者的著作翻譯過來，

---

25 〔法〕雅克・勒戈夫著，張弘譯：《中世紀的知識分子》，（北京市：商務印書館，1996年），頁14。

這些著作成為大學初期的主要教本；波羅尼亞（Bologna）以其法律研究著名，這在很大程度上歸因於德里克・巴巴羅薩（Frederic Barbarossa）的法律諮詢師們，以及那些能夠解釋格拉提安（Gratian）的著作《審判》（Decretum）的大師們。[26]在英格蘭，世俗學校直到諾曼征服後才得以初步發展，早期的教師都是法國人。[27]而此時的法國已成為了知識界的中心，各國有才能的學者雲集巴黎，學校可以提供比在教會秩序下更為自由的課程，學生與教師具有流動性，與教會沒有關聯，可以自由地授課。[28]拉昂的安瑟倫（Anselm of Laon, ?-1117）這位神學學校的創立者吸引了大批英格蘭的學生到法國學習。[29]哲學家、神學家皮埃爾・阿伯拉爾（Peter Abelard/*Petrus Abailardus*, 1079-1142）與巴黎大學的建立聯繫緊密。像索爾茲伯里的約翰就曾在位於巴黎附近的聖熱納維耶山（Mont Sainte-Geneviève）跟隨皮阿伯拉爾學習了辯證法的一些基本原則。辯證法是一門晦澀枯燥的學科，但是通過阿伯拉爾的講解，辯證法可以變得新鮮而有趣。約翰稱讚這位老師：「在邏輯學方面的造詣超過同時代的其他所有人，對亞里士多德十分瞭解。」[30]正如韋伯所說：「阿伯拉爾是約翰的第一位老師，他的名望在其他英格蘭學者之上。」[31]阿伯拉爾吸引了如翰這樣很多的學生，「正是由於阿貝（伯）拉爾所獲得的卓越聲譽，才使得巴黎的街道上彙聚了來自歐洲各地的學生。而大批學生的到來又使得巴黎教師

---

26 〔英〕約翰・馬仁邦主編著，孫毅等譯：《中世紀哲學》（北京市：中國人民大學出版社，2009年），頁208-209。

27 R. W. Southern, *Medieval Humanism and Other Studies*, Oxford: Blackwell, 1970, p.169.

28 Ibid, p.162.

29 Gordon Gray, *Restoring Knowledge: John of Salisbury's "Return to the Tree,"* M.A. Thesis, Simon Fraser University, 2013, p.11.

30 Met., Book I, Chap.5, p.22.

31 Clement C. J. Webb, *John of Salisbury*, London: Methuen & Co. ltd., 1932, p.5.

的數量成倍的增長，從而最終構成了大學的雛形。」[32]

十一、十二世紀，在經濟發展和城市興起的帶動下，社會各階層對知識的需求大增，加之古典典籍以及阿拉伯人書籍的翻譯，原有的教會、修道院學校和世俗學校迅速發展。一些學校在發展過程中逐漸借鑒了中世紀行會的某種經驗，從而形成了新的教育機構——大學。中世紀大學興起後，特別是知識精英群體推動了學術研究，傳播了文化，使知識更為世俗化，推動了社會文化的發展。

第二節　古典文化的復興

五到十世紀的西歐在文化上處於相對暗淡的時期，儘管出現了加洛林文藝復興，但沒有改變文化教育落後的局面。從十一世紀開始，拉丁西方開始重新與文化發達的拜占庭帝國、阿拉伯帝國等進行廣泛深入的大規模文化交流，出現文化繁榮發展的局面。阿拉伯、希臘羅馬古典典籍的翻譯影響了中世紀知識分子的思想和活動。

一　伊斯蘭文化的影響

城市學校和大學為求知欲的生根發芽提供了土壤，但新的探求精神卻主要源於該時期伊斯蘭文化對歐洲思想的影響。[33]

阿拉伯國家從建立之初就呈現擴張之勢，重視向被征服民族學習。在倭馬亞時代，阿拉伯人已經有個人自發的翻譯外國學術著作的

---

[32]〔英〕海斯汀‧拉斯達爾著，崔延強、鄧磊譯：《中世紀的歐洲大學——在上帝與塵世之間》（重慶市：重慶大學出版社，2011年），頁6。

[33]〔英〕斯沃比：《騎士之愛與遊吟詩人》（上海市：上海社會科學院出版社，2013年），頁21。

工作,到阿巴斯王朝前期(750-874),形成了聲勢浩大的「百年翻譯運動」。³⁴阿拔斯王朝初期,波斯和印度典籍被大量翻譯成阿拉伯文。著名翻譯家伊本‧穆加發(約724-約760)將亞里士多德的《形而上學》(包括《同一律》、《矛盾律》和《排中律》三部分)、波菲利的《亞里士多德〈範疇篇〉導論》,由波斯文譯成了阿拉伯文。到阿波斯王朝前期結束時,古希臘科學典籍中的全部重要著作和大部分次要的著作,都已譯成了阿拉伯文,如:亞里士多德的《工具論》中的邏輯著作(《範疇篇》、《論辯篇》、《解釋篇》、《辨謬篇》),以及《物理學》、《論天》、《論生滅》、《氣象學》、《動物志》、《論靈魂》、《形而上學》、《倫理學》、《政治學》、《詩學》、《問題篇》等等;柏拉圖的《政治家篇》、《法律篇》,《理想國》、《智者篇》、《辯解篇》、《蒂邁烏斯篇》、《斐多篇》、《高爾吉亞篇》、《普羅泰哥拉斯篇》、《費德羅斯篇》、《泰阿泰德篇》、《巴門尼德篇》等等。³⁵這些作品經十一到十三世紀重被引介到西方,產生了劇烈的反響。

　　七一一年到一四九二年,西班牙由阿拉伯人統治,在文化上重視教育,創辦學校,設置圖書館,吸引了很多西歐學者前去留學。十一世紀中葉,半島北部的基督教小王國開始了收復失地運動,為躲避戰亂,很多阿拉伯學者遷居到西歐各地,推動了當地學術的發展,激發了西歐學者翻譯阿拉伯文典籍的熱情。自十一世紀末至十三世紀末,在西方世界興起了一種規模宏大的翻譯運動。³⁶正如納忠等學者的評價:「這一場翻譯運動重新燃起了西方對哲學和科學的興趣,不僅僅是將包括埃及文明、巴比倫文明、波斯文明、印度文明和古希臘文明

---

34 納忠、朱凱、史希同:《傳承與交融:阿拉伯文化》(杭州市:浙江人民出版社,1993年),頁174。
35 同前註,頁179、185-186。
36 關於這場翻譯運動的研究詳見:徐善偉:《東學西漸與西方文化的復興》(上海市:上海人民出版社,2002年),頁46-155。

在內的，用阿拉伯文撰寫的學術典籍翻譯成拉丁文，而且還將阿拉伯人的創造，將阿拉伯人在學術和思想上的貢獻，以及阿拉伯─伊斯蘭文明，阿拉伯─伊斯蘭生活方式、信仰和習俗介紹給了西方，為歐洲新時代的到來鋪平了道路，作好了思想上的準備。」[37]

二　羅馬法復興

西羅馬帝國滅亡後，羅馬的法律制度並沒有隨之消失，羅馬法和日耳曼法相互影響乃至融合逐漸加深，到九、十世紀，新的封建法律中已經難以區分羅馬和日耳曼法源了。[38]但是在某種意義上可以說，羅馬法仍處於停滯和衰退的狀態，十二世紀前對羅馬法的繼受是比較粗糙的，繼受對象既非古典羅馬法，又非查士丁尼的集大成之作，繼受程度參差不齊，地域分佈也零散。隨著西歐農業的進步、商品經濟的發展以及城市的興起，新的經濟社會生活中產生了新的社會關係，需要更完善的法律來適應這種變化。

與此同時，教權與王權的鬥爭進入新的階段。一〇七五年，格里高利七世頒佈了《教皇敕令》[39]，強化教皇權力，並將其權力延伸到世俗領域。格里高利七世改革使得教會機構重組和權力集中，強調了教士的精神地位和權力。教會需要新的法律方面的支持，按照英國詹姆斯‧A‧布蘭戴奇（James A. Brundage）教授的分析：「第一，需要舊法新編，以便證明在教會傳統中其目的具有正當性基礎。第二，需

---

37 納忠、朱凱、史希同：《傳承與交融：阿拉伯文化》（杭州市：浙江人民出版社，1993年），頁308。
38 李秀清：《日耳曼法研究》（北京市：商務印書館，2005年），頁486-487。
39 《教皇敕令》具體內容見徐大同、叢日雲：《西方政治思想史，中世紀》（第二卷）（天津市：天津人民出版社，2005年），頁203-204。

要制訂新法用以支持其方案,即修補在已有的法律大全之中存在的分歧。第三,必須提出比較完善的程序方法,包括新的且較為有效的法院用以糾正對教會法的違反。第四,為發現違法者並為追究違法者並把其送上法庭,教會需要具有新的且較好的辦法。」[40]為實現上述目標,教會及其法學家自然將羅馬法為可借鑒的資源之一。另一方面,面對格里高利七世的猛烈進攻,王權同樣需要理論武器的支持。羅馬法中伸張君權的原則有利於君主的集權。[41]

總之,十一、十二世紀的西歐,各方都需要維護自己的利益而尋找法律依據,更需要相對統一的評判標準,因此「促使時人轉向羅馬民法典的動機不只是專業上的興趣,毋寧是想為當代尋求更穩固的政治、社會倫理學的基礎。」[42]

羅馬法在西歐大陸的復興有不同形式的研究,代表性的學派有注釋法學派、評論法學派等。注釋法學派的名稱緣自其首先系統應用頁邊注釋法研究《民法大全(*Corpus Iuris Civilis*)》,[43]力圖細緻準確地解釋法律條文,解決其內容中的相互矛盾(儘管查士丁尼曾聲稱自己的立法沒有矛盾之處)。注釋法學家將查士丁尼羅馬法奉為神聖,賦予其幾乎等同於聖經的權威。[44]代表人物是執教於義大利博洛尼亞

---

40 James A. Brundage, *Medieval Canon Law*, London: Longman, 1995, p.37. 譯文轉引自蘇彥新:《近代西歐大陸私法的歷史基礎——以中世紀羅馬法為中心》(上海市:華東政法大學法律史專業博士學位論文,2010年),頁93。

41 王越旺:〈羅馬法的復興與中世紀西歐王權的加強〉,《內蒙古大學學報(人文社會科學版)》第4期(2004年),頁16-20。

42 〔德〕弗朗茨・維亞克爾著,陳愛娥、黃建輝譯:《近代私法史——以德意志的發展為觀察重點》(上海市:上海三聯書店,2006年),上冊,頁37。

43 查士丁尼的《查士丁尼法典》、《法學總論》、《學說匯纂》和《新律》被注釋法學派合稱為《民法大全》。

44 Peter Stein, *Roman Law in European History*, Cambridge: Cambridge University Press, 1999, p.46.

大學的伊爾內里烏斯（Irnerius, 1050-1125），通過他的努力，法律科學和法律實踐得以區分。他的主要學術成果是《博洛尼亞手書本》——後世通行的《學說匯纂》的權威注釋。注釋法學派促進了羅馬法在西歐的傳播，「注釋法學家研究的最基本的重要性在於漫長歷史過程中把羅馬法因素滲透進入了歐洲的諸法律體系之中。」[45]「羅馬法有待十二、十三世紀研究這些條文的學者——注釋法學家——把它們用某種方式彙集在一起，以此形成關於政治權力的設置、特性和限制的一般概念體系。」[46]更為重要的影響還在於注釋法學家所致力於羅馬法學研究的重點是「羅馬私法」，「權利」本來是羅馬私法中的概念，現在則進入公法領域，逐漸彰顯個體權利和自然權利，為建構歐洲文明的政治框架提供了重要元素。[47]

評論法學法派更注重在實踐中運用羅馬法原則，將羅馬法與教會法、習俗、國王法令結合起來。代表人物為薩索菲那多的巴托魯斯（Bartolus of Sassoferrato, 1314-1357），他就學於博洛尼亞，執教於比薩（Pisa）和佩魯賈（Perugia），同時擔任法官。巴托魯斯對《查士丁尼法典》的各部分做了詳盡的評注，涉及各種法律專題，就前人爭論不已的問題提出清晰的實際的解答。正是他引領了民法法學的轉向，從學術走向現實，目標是為中古社會尋求權威而實用的法律。巴托魯斯通過對注釋作注釋，對評注作評注，很好地編撰、闡釋和吸納百家之長，但其觀點並非完全取法獨創性，他往往能推陳出新，總結出一套頗具規模的衝突法規則和原則，其中一些規則和原則我們現今仍在

---

45 蘇彥新：《近代西歐大陸私法的歷史基礎——以中世紀羅馬法為中心》（上海市：華東政法大學法律史專業博士學位論文，2010年），頁60。

46 〔美〕哈羅德・J・伯爾曼著，賀衛方等譯：《法律與革命（第一卷）——西方法律傳統的形成》（北京市：法律出版社，2008年），頁284。

47 侯建新：〈中世紀與歐洲文明元規則〉，《歷史研究》第3期（2020年），頁163。

適用。⁴⁸例如，針對當時義大利多重法律體系並存的問題，巴托魯斯主張：民法訴訟的程序應該遵循所在法庭的法律；契約的形式應遵循訂約地的法律；契約執行中所涉及的任何問題則應遵守執行地的法律。⁴⁹

羅馬法的復興有利於西歐統一法律體系的建立，促進城市的發展。羅馬法的法律文本被知識分子的作品廣泛引用注疏，無論是教權派還是王權派都可以從中找到支撐自己觀點的理論，「羅馬法就像一座寶庫，人人都可以進去，找到他要解決的法律問題的答案。」⁵⁰

三　亞里士多德革命

古希臘哲學家亞里士多德的邏輯學知識，在中世紀早期僅散見於波伊修斯（Boethius，約480-524）、西塞羅等少數學者的著作中，而亞氏的政治學等作品自西羅馬帝國滅亡直到十一世紀初期，在拉丁西方幾乎完全消失。自十二世紀二〇年代中期至十三世紀末，亞氏所有論著的希臘文和阿拉伯文被翻譯成了拉丁文，同時出現了很多注疏性作品，因這一現象帶來了革命性影響而被稱作「亞里士多德革命」（the Revival of Aristotle）（直譯為「亞里士多德復興」）。⁵¹其標誌是兩部著作的重新發現與回歸：《尼各馬可倫理學》與《政治學》，它們分別於一二四六年，一二六〇年被譯為拉丁文。亞里士多德這位「異教徒」成了神學家們的政治學導師。在托馬斯・阿奎那等人的努力之下，亞

48　黃希韋：《巴托魯斯衝突法思想考量》（北京市：中國政法大學碩士學位論文，2009年），頁11。

49　Peter Stein, *Roman Law in European History*, Cambridge: Cambridge University Press, 1999, p.73.

50　赫爾穆特・科殷（Helmut Coing）語，轉引自〔英〕理查德・詹金斯編，晏紹祥、吳舒屏譯：《羅馬的遺產》（上海市：上海人民出版社，2002年），頁487。

51　參見徐善偉：〈亞里士多德學說在中世紀拉丁世界的復興及其影響〉，《上海師範大學學報（哲學社會科學版）》第4期（2010年），頁85-90。

里士多德的政治學說被經過改造吸收到基督教神學之中，這給基督教政治哲學以及整個西歐政治思想帶來了革命性變革。蒂爾尼指出：「亞里士多德政治學的重新發現以及十三世紀的現實生活促成了新思維的形成。作為最晚譯介的亞里士多德著作之一，《政治學》為中世紀的人們開啟了一個新思想的世界。它向人們表明政治理論未必是法學的一個分支；它可以是一門獨立的科學，成為哲學家研究的合適領域。」[52]

亞里士多德學說在拉丁西方的傳播主要通過三條路徑：第一條路線以拜占庭帝國為原點，經基督徒教聶斯托利派之手傳播至阿拉伯帝國，然後回傳拉丁西方；第二條路線是由君士坦丁堡回傳拉丁西方；第三條路線是以西西里為中心的義大利南部地區。[53]隨著大學的興起，亞里士多德的成為中世紀教育的基礎。雖然在如何對待亞里士多德學說的問題上不同的學者產生了分化，但經過托馬斯·阿奎那為代表的經院哲學家的改造吸收，使之納入神學框架。梯利認為：「經院哲學家的主要目的一直是調和宗教和哲學，亞里士多德的哲學是一個完備的思想體系，是希臘智慧最高發展階段的產物，便於用來作為這種結合的一個伴侶。這個體系包括人類知識的各個部門，得出了確定的結論，又運用明晰精確的語言予以表述，而且它具有固定的詞彙。經院哲學家和其他人一樣，認為那是一個冷靜而客觀的理性的作品，它滿足了經院哲學對論辯術的要求，指出了贊同和反對每一條重要命題的理由。」[54]

---

52 Brian Tierney: *Religion, Law and the Growth of Constitutional Thought 1150-1650*, Cambridge: Cambridge University Press,1982, p.29.
53 田慶強：〈簡論亞里士多德學說在中世紀的傳播〉，《中國歷史評論》第6期（2014年），頁242-249。
54 〔美〕梯利著，葛力譯：《西方哲學史》（北京市：商務印書館，1995年，增訂版），頁208。

亞里士多德學說的復興影響了人們對國家、正義、政教關係等政治理論問題的認識，正如約瑟·坎寧所說：「晚期中世紀思想的主要革新是世俗國家觀念的發展，而這一觀念『人是天生的政治動物』這一命題的產物。這種觀念通過亞里士多德《政治學》和《倫理學》的重新發現而被要求。」[55]梯利指出，一部中世紀思想史，可以根據亞里士多德的逐步再發現而加以組織。[56]沃爾特·厄爾曼認為：「從十三世紀後半葉開始，亞里士多德的影響就造成了思想上的轉變，帶來了一場觀念上的革命。無論是在事實還是理論上，十三世紀的亞里士多德洪流都標誌著中世紀和現代之間的分水嶺。」[57]

綜上所述，十一世紀開始，西歐的知識氛圍越來越濃厚。首先，大學興起和教育發展提供了知識分子有利的生存環境。早期教會學校的教育內容中，包括世俗教育的知識成分，非神職人員也能夠進入學校。隨著城市的發展，大學興起，專業化的知識如醫學、法律得以發展，寬鬆的學習環境激發了人們對知識的苛求和精神生活的嚮往，越來越多的底層人士都能夠接受教育。學者的世俗性愈發凸顯。再次，古希臘、羅馬時期的知識遺產在中世紀得以繼承和傳播。這一時期學者的主修專業主要是文學和哲學而不是神學，在通識教育（方面得到很好的訓練，特別是語法方面，能夠熟練掌握拉丁語和運用修辭學。古典引用和例證經常在他們的著作中出現，作為批判的權威，從中也可以看出他們的學識觀點。整體來看，十二世紀時期歐洲的智力地圖變化巨大。義大利博洛尼亞成為羅馬法復興的中心；義大利的薩勒諾

---

55 〔英〕J·H·伯恩斯主編，郭正東等譯：《劍橋中世紀思想史》（北京市：生活·讀書·新知三聯書店，2009年），頁500。
56 叢日雲：《西方政治文化傳統》（哈爾濱市：黑龍江人民出版社，2002年），頁390。
57 〔英〕沃爾特·厄爾曼著，夏洞奇譯：《中世紀政治思想史》（南京市：鳳凰出版傳媒集團·譯林出版社，2011年），頁154。

（Salerno）出現了第一所中世紀大學；諾曼王國的南部義大利和西西里地區，成為希臘著作翻譯為拉丁的陣地，同時征服了西班牙穆斯林，托萊多（Toledo）成為最主要的翻譯中心，這樣阿拉伯的科學與學術得以在歐洲傳播。在北部，主要的學術活動由諾曼法國轉到諾曼英格蘭，貝克（Bec）和坎特伯雷成為前沿陣地，儘管英格蘭用了很長時間才趕上法國的學校的水平。古典文學復興主要在法國奧爾良（Orleans）和沙特爾的學校，哲學和辯證法的興盛在巴黎。十二世紀又是公眾閱讀發展的轉折點，在這之前一般只有教士和統治階層的一些成員能夠閱讀，現在伴隨著多樣性文學的復興和書面文件使用的增加，從盎格魯諾曼貴族開始掌握讀寫能力，接著其他階層開始識字，到十三世紀末識字已經是普遍現象。[58]

在這樣一種知識氛圍中，知識分子一方面傳播教授專業知識和進行專業研究，與此同時他們又與教廷宮廷聯繫緊密，有的選擇作為純粹的知識人，有的以政治為業，還有的二者兼顧。當知識分子能夠獨立自由的思考，保持理想和對社會的批判精神，對社會政治的影響是有利的。中世紀知識分子的思想和活動深刻影響了西歐歷史發展的進程。

---

58 L. D. Reynolds and N. G. Wilson, *Scribes and Scholars: A Guide to the Transmission of Greek and Latin Literature*, Oxford: Clarendon Press, 1991, pp.110-111.

第二章
亨利・德・布拉克頓

　　亨利・德・布拉克頓（Henry de Bracton, c.1210-c.1268）是十三世紀英格蘭最著名的法學家。他出生於英格蘭西南部的德文郡（Devonshire），職業生涯開始於擔任法官威廉・雷利（William de Raleigh, ?-1250）的書記官，一二四五年已經成為亨利三世（Henry III, 1207-1272）巡迴法庭的法官，從一二四八年到一二五七年擔任王座法庭官。布拉克頓還是一位高級神職人員，一二五九年成為德文郡的教區牧師，一二六一年，任比迪福德（Bideford）的教區牧師，一二六四年成為巴恩斯特普爾（Barnstaple）的大執事，同年擔任埃克塞特（Exeter）大教堂的大法官。[1]布拉克頓長期擔任重要的教會和司法職務，這種經歷使其精通習慣法、羅馬法、教會法和普通法，同時能夠掌握大量審判案例資料，在此基礎上，他對英國的法律制度進行了較為全面的整理和研究，編寫了《論英格蘭的法律和習慣》（On the Laws and Customs of England, *De Legibus et Consuetudinibus Angliae*），被譽為是「中世紀英國法律體系的鮮花和王冠。」[2]在這部巨著中，布拉克頓完美地融合了習慣法和羅馬法，特別是他沒有繼承羅馬專制主義，對羅馬法進行了創造性吸收和運用，作出了一些不同於歐洲大陸的法學家對羅馬法條文的闡釋，為限制王權提供辯護。從愛德華一世（Edward

---

[1] Frederick Pollock and Frederic William Maitland, *The History of English Law before the Time of Edward I*, Cambridge: Cambridge University Press, 1923, p.206.

[2] Ibid, p.206; Theodore F.T. Plucknett, *A Concise History of the Common Law*, Indianapolis, Ind.: Liberty Fund, 1956, p.258.

I, 1239-1307, 1272-1307年在位）時期起，布拉克頓的著作成為英國法學的奠基之作。[3]這部論著中蘊涵的憲政主義傾向，使其成為英國內戰時期被廣泛引用的經典文獻。[4]

第一節　王權與法律關係

布拉克頓在其著作《論英格蘭的法律和習慣》中，不僅彙編分析了大量的普通法案例，探討英格蘭習俗和法律的發展，還闡述了較為系統的王權觀念，即國王必須在法律的框架內行事。這種王權觀念成為中古晚期近代早期新興資產階級限制王權的有力武器，是英國近代憲政理論的重要來源之一。

國王與法律的關係是布拉克頓王權思想的中心內容之一，他對王權的探討是在法學框架理論內的。[5]根據于洪的闡述：「布拉克頓王權觀念的思想淵源主要是盎格魯・薩克遜政治傳統和基督教神學政治思想。盎格魯・薩克遜政治傳統的核心是『國王在法律之下』：教俗貴族和民眾對既有習慣和法律有著普遍的認同，法律先於王權而存在，國王不得輕易變更法律。每一位薩克遜國王在教俗貴族建議之下訂立新法之時，首先必須重新確認既有的法律。諾曼征服之後的國王繼承

---

3 〔英〕梅特蘭著，屈文生譯：《歐陸法律史概覽：事件，淵源，人物及運動》（上海市：上海人民出版社，2015年），頁181。

4 叢日雲主編：《西方政治思想史》（第二卷）（天津市：天津人民出版社，2005年），頁256。

5 國內學界，關於中世紀關於王權和法律關係的觀念仍有爭議，代表性的有：于洪認為布拉克頓王在法下的觀念是近代英國憲政發展的思想淵源之一（于洪：〈論布拉克頓的王權觀念〉，《世界歷史》第1期〔2009年〕）；孟廣林認為不應該誇大法律對王權的限制，君主統治的合法性和權威性不是由法律決定的（孟廣林：〈「王在法下」的浪漫想像：中世紀英國「法治傳統」再認識〉，《中國社會科學》第4期〔2014年〕）。

了這一傳統，威廉一世在入主英國時宣誓，他將持守王國先前存在的法律，尤其是懺悔者愛德華時期的習慣和法律。從亨利一世至亨利三世每位國王都作了同樣的宣誓，以使其王權獲得合法性。」[6]所以在論述國王與法律的關係時，布拉克頓的基調是王在法下：「國王不在任何人之下，但是在上帝和法律之下，因為法律造就了國王。因此，讓國王將法律賜予他的統治和權力在歸還法律。因為當意志而不是法律統治時，國王就不存在了。」[7]這一學說和索爾茲伯里的約翰的言論一樣清晰銳利，他們的學說是所有封建法學家的學說。[8]「沒有人能使國王的行為或者法令無效，但是我們可以說當國王侵犯他人利益時，可以通過改進措施審判他，以免他和審判官因為此而進入永生的上帝的審判。上帝在國王之上。法律造就了國王。同樣，他的法庭，即伯爵和男爵們，給予他約束，因為如果沒有約束，應該給他戴上馬勒。」[9]可見，布拉克頓認為王權受到法律的制約，沒有法律統治，

6　于洪：〈論布拉克頓的王權觀念〉，《世界歷史》第1期（2009年），頁86。

7　Bracton, *On the Laws and Customs of England*, vol.2, Translated, with revision and notes, by Samuele Thorne, Buffalo, New York: William S. Hein & Co., Inc., p.33. "*Ipse autem rex non debet esse sub homine sed sub deo et sub lege, quia lex facit regem. Attribuat igitur rex legi, quod lex attribuit ei, videlicet dominationem et potestatem. Non est enim rex ubi dominator voluntas et non lex.*"

8　R. W. Carlyle and A. J. Carlyle, *A History of Mediaeval Political Theory in the West*, Vol.3, *Political theory from the Tenth century to the Thirteenth*, Edinburgh and London: William Blackwood and sons, 1915, p.184.

9　Bracton, *On the Laws and Customs of England*, vol.2, Translated, with revision and notes, by Samuele Thorne, Buffalo, New York: William S. Hein & Co., Inc., p.110. "*Item nec factum Regis nee cartam potest quis iudicare, ita quod factum domini Regis irritetur. Sed dicere poterit quis quod Rex iusticiam fecerit, et bene, et si hoc, eadem ratione quod male, et ita imponere ei quod iniuriam emendet, ne incidat rex et iustitiarii in iudicium viventis dei propter iniuriam. Rex habet superiorem, deum scilicet. Item legem per quam factus est rex. Item curiam suam, videlicet comites et barones, quia comites dicuntur quasi socii regis, et qui socium habet, habet magistrum.*"

國王就不存在。喬治·薩拜因（George. H. Sabine）分析：「無論是國王還是法庭，顯然都是以雙重身份出現的。一種身份，國王是王國全部土地的所有者，而法庭則構成了他的佃戶；作為一種制度，法庭存在的目的就是為了處理他們在這種契約關係中所發生的各種棘手問題。另一種身份，國王是王國或民族所同有的公共權力的總承擔者，而他與他的法庭則以某種不十分明確的方式分享這一權力。在上述第一種關係中，國王與法庭中的其他人一樣都可以被起訴；而在第二種情形中，任何令狀都不能反對國王，而且他對法律應負的責任在終極意義上講也有賴於他自己的良知。一種觀點代表了封建制度把公共權力完全化人私人關係之中的典型傾向；另一種觀點則代表了延綿不斷的共和國傳統——國王在共和國裡乃是首席官員。可能正是這兩種觀念的重疊與混合，使得封建法庭成了中世紀晚期憲政原則和憲政制度得以發展的發源地。」[10]

在《論英格蘭的法律和習慣》一書中，布拉克頓多次強調國王受到法律限制：「國王沒有同等地位的人，更不用說比他高的人，特別是在實踐正義方面，所以會這樣說：『我們的國王很偉大，德性等方面同樣偉大，』但是在接受審判時，他沒有高於王國地位最低的人。」[11]「國王作為上帝在現世的代理人，在法律方面不能做任何事，儘管君主的意志對法律有影響，因為法律條款的最後有這樣的文字說明『因

---

10 〔美〕喬治·薩拜因著，鄧正來譯：《政治學說史（上卷）》（上海市：上海人民出版社，2008年，四版），頁272-273。

11 Bracton, *On the Laws and Customs of England*, vol.2, Translated, with revision and notes, by Samuele Thorne, Buffalo, New York: William S. Hein & Co., Inc., p.305. "*Potentia vero omnes sibi subditos debet praecellere.Parem autem habere non debet nec multo fortius superiorem maxime in iustitia exhibenda, ut dicatur vere de eo, magnus dominus noster, et magna virtus eius etcetera. Licet in iustitia recipienda minimo de regno suo comparetur, et licet omens potentia praecellat.*"

為王權法是根據君主的統治權來制定的』;法律的制定並非根據君主意志草率提出,那些最終提出的法律是經過貴族們的審議協商後才公佈的,最後由國王賦予其法律效力。」[12]「因為法律是由使用它們的人同意通過,並且通過國王的誓約確定,所以這些法律自頒佈之日起未經一致同意不能修改。」[13]正如顧鑾齋分析的布拉克頓的王在法下的憲政意義:「布拉克頓顯然認為,合法的國王必須具備兩個條件,一是上帝的認可;一是法律的認可。中世紀是一個信仰的時代,國王的廢立不能不以上帝的名譽。但上帝是什麼?他是怎樣認可和廢立國王的?這些都是一些玄難的問題,誰也無法給出具體確切的回答。所以,所謂上帝便成為一個虛幻的概念。而法律則是具體的。如上所論,法律首先是習慣法,它們的選擇和確定是以往國王與貴族、民眾協商同意的產物。這樣,上帝的虛幻便凸顯了貴族和民眾在國王立廢中的作用。所以,所謂國王的是否合法,在很大程度上是由貴族和民眾給出判斷,或者說,新王即位必須得到民眾的認同,這就將國王置於一種複雜的憲政關係中,而使王在法下的理論具有了突出的憲政意義。」[14]

「國王沒有同等地位的人,更不用說比他高的人」,布拉克頓的

---

12 Bracton, *On the Laws and Customs of England*, vol.2, Translated, with revision and notes, by Samuele Thorne, Buffalo, New York: William S. Hein & Co., Inc., p.305. "*Nihil enim aliud potest rex in terris, cum sit dei minister et vicarius, nisi id solum quod de iure potest, nec obstat quod dicitur quod principi placet legis habet vigorem, quia sequitur in fine legis cum lege regia quae de imperio eius lata est, id est non quidquid de voluntate regis temere praesumptu est, sed quod magnatum suorum consilio, rege auctoritatem praestante et habita super hoc deliberatione et tractatu, recte fuerit definitum.*"

13 Bracton, *On the Laws and Customs of England*, vol.2, Translated, with revision and notes, by Samuele Thorne, Buffalo, New York: William S. Hein & Co., Inc., p.21. "*Quae quidem, cum fuerint approbatae cosensu utentium et puniunt sacramento regum confirmatae, mutari non poterunt nec destrui sine communi consensus eorum omnium quorum consilio et consense fuerint promulgatae.*"

14 顧鑾齋主編:《西方憲政史(第一卷)》(北京市:人民出版社,2013年),頁156。

這句話及他的引起後世的爭議，在西歐憲政史上導致了兩個傳統，一是憲法的，一是專制的，麥基文稱之為布拉克頓難題或中世紀憲政主義難題。[15]對於這一難題，麥基文進行了深入研究，認為：「布拉克頓憲政主義的一個本質的特徵是，他明確地區分了治理權和審判權，從而，國王獨裁的不負責任的權力只能存於治理權範圍內，永遠不能超越它。這也是中世紀憲法的一個重要特徵。」[16]具體而言，麥基文認為治理權（*gubernaculum*）是指國王獨享的管理國家的權力：「治理權不包括狹義的審判權。在治理權和相關事務中，國王是個獨裁者。他是『絕對的』，沒有資格相同者。他嚴格的治理行為是不容置疑的。在該領域，他的任何行為都不可能是違法的，因為在該領域，他的專斷權是正當的、完全的和獨佔的。所有的治理都只能是國王的治理，除此之外別無其他。」[17]換言之，治理權不包括司法權。而審判權（*jurisdictio*）指的是國王在司法方面的權力，這一權力是有限的，立法權基本由貴族控制，國王可以參與，「無論特許狀的製作者是同一國王，還是從前的國王，只要該特許狀侵犯了早先授予的權利，而且停止使用不會導致早先權利的喪失，那麼法官應當宣佈其無效。」[18]國王的行為超出法律規定是無效的，儘管法官由國王任命，但是依舊依據法律而不是國王意志裁判臣下。「因此，正是在審判權而非治理權中，我們發現，有明確充分的證據表明，在中世紀的英格蘭，羅馬的專制格言，不管是理論上還是事實上，都從未生效過。因為，在審判權中，國王受到其『依法行事，非依法不行事』之誓言的約束。雖然法官是國王的，由國王任命，且只依國王名義行事，但卻受自己誓

---

15 〔美〕C・H・麥基文著，翟小波譯：《憲政古今》（貴陽市：貴州人民出版社，2004年），頁58-62。
16 同前註，頁64。
17 同前註，頁64。
18 同前註，頁67。

言之約束。他依據法律而非依據自己意願，裁判臣民權利。只要對該時代傳下來的訴訟案卷略作研究，人們便會確信，這絕非只是漂亮的理論；整體上，它是具體普遍的實踐。」[19]在司法權中，國王受到約束，必須依法行事，不能濫用審判權，法官不是依據國王意志而是依據法律裁判。可見，國王的權力受到法律的制約，必須依法施政。

第二節　反暴君論

伯爾曼指出：「布拉克頓開始也說：『為行善治，國王需要兩樣東西，即武器和法律。』但他接著指出，國王的政權恰來源於法律——是法律（lex）使他成為國王（rex），一旦他只用武力統治，他就不再成其為國王了。」[20]恩斯特‧坎特羅威茨（Ernst H. Kantorowicz）同樣認為：「布拉克頓的對比表達了中世紀的傳統——只有服從法律（servus legis）才可能成為法律的主人（dominus legis）。顯示了（國王）作為上帝的代理人（vicarius Dei）高於其他人的地位，但是要服從法律……布拉克頓的方法一直是：有限制的高等地位，限制本身跟隨國王作為上帝代理人的至高地位，如果不受限制，沒有法律約束，這種地位就會受到威脅。這種方法或許可以稱為辯證法」[21]可見，布拉克頓所認為的國王是依法行事的君主。

布拉克頓認為：「國王作為上帝的代理人，權力只能來自上帝，但是違法行為使來自魔鬼而不是上帝，國王依據他的表現決定成為誰的代理人。因此，只要他能夠踐行正義，就是永恆的上帝的代理人，

19　同前註，頁70。
20　〔美〕哈羅德‧J‧伯爾曼著，賀衛方等譯：《法律與革命——西方法律傳統的形成》（北京市：中國大百科全書出版社，1993年），頁563。
21　Ernst H. Kantorowicz, *The King's Two Bodies: A Study in Mediaeval Political Theology*, Princeton and Chichester: Princeton University Press, 1997, p.157-158.

如果偏離到不正義就是魔鬼的代理人。稱其為國王，不是因為他有統治權而是因為它統治良好，只要他統治好就是國王，但是通過武力壓迫信任他的人民的是暴君。所以，通過法律制約他的權力，法律是權力的馬勒，他依據法律統治……」[22]他對暴君的定義直接引自索爾茲伯里的約翰，[23]國王違反了維持正義的義務，就不再是國王，而是暴君，不是上帝的使者而是魔鬼的。布拉克頓明確了暴君是魔鬼的使者，但並沒有像約翰那樣明確提出誅殺的觀點，他認為上帝會懲罰暴君並且終止他們的統治。「如果除了上帝，沒有高於君主國王或其他人的人，通過不對他們說謊的方式補救；將會只有請求機會，使其改正彌補自己的行為。如果這種行動失敗，只能等待上帝復仇，上帝說：『我將會復仇讓其付出代價』除非有人說整個王國和貴族領地會在國王的法庭上糾正弊端。」[24]如何對國王進行施法？布拉克頓認為君主作為

---

22 Bracton, *On the Laws and Customs of England*, vol.2, Translated, with revision and notes, by Samuele Thorne, Buffalo, New York: William S. Hein & Co., Inc., p.305. "*Exercere igitur debet rex potestatem iuris sicut deivicarius et minister in terra, quia illa potestas solius dei est, potestas autem iniuriae diaboli et non dei , et cuius horum opera fercerit rex eius minister erit cuius opera fecerit. Igiter dum facit iustitiam vicarius est regis aeterni, minister autem diaboli dum declinet ad iniuriam. Dicitur enim rex a bene regendo et non a regnando, quia rex est dum bene regit, tyrannus dum populum sibi creditum violent opprimit dominatione. Tempert igitur potentiam suam per legem quae frenum est potentiae, quod secundum leges vivat….*"

23 Fritz Schulz, "Bracton on Kingship," *The English Historical Review*, Vol.60, No.237 (1945), p.153.

24 Bracton, *On the Laws and Customs of England*, vol.3, Translated, with revision and notes, by Samuele Thorne, Buffalo, New York: William S. Hein & Co., Inc., p.43. "*Si autem princeps vel rex vel alius qui superiorem non habuerit nisi deum, contra ipsum non habebitue remedium per assisam, immo tantum locus erit supplicationi ut factum suum corrigat et ememdet, quod si non fecerit, sufficiat ei pro poena quod deum expecte ultorem, qui dicit, Mihi vindictam et ego retribuam, nisi sit qui dicat quod universitas regni et baronagium suum hoc facere posit et debeat in curia ipsius regis.*"

上帝的代理人，根據法律進行統治，如果他不這樣做，臣民只能通過請願讓其自己改正，或者把他交給上帝去審判。但是布拉克頓還願意接受這樣一個觀點，即貴族能夠在法庭上糾正他的錯誤，他強調君主是受約束的，接受法律裁決時，對待國王與普通民眾一視同仁。

　　總之，布拉克頓的思想觀念體現了他對十三世紀英國社會政治狀況的理解。布拉克頓認為王權受到法律限制，國王必須在法律的框架內行事，以司法制約權力，這種王權觀念成為英國近代憲政發展的重要思想淵源之一。

第三章
托馬斯・阿奎那

　　十三世紀，亞里士多德的《政治學》被翻譯成拉丁文，這部著作開啟了中世紀人們新的思想。它使人們認識到政治理論可以不是法學的分支，是一門獨立自主的學科。加之大約同一時期的《尼各馬科倫理學》的翻譯和傳播，產生了很大的影響。因此一些學者認為所謂的政治自然主義（political naturalism）政治團體直接來源於人性而不是神靈啟示或約定，只有在《政治學》（強調人的本質是社會政治性動物）復興後，才被引入中世紀思想。[1]比如，約瑟・坎寧（Joseph Canning）認為：「晚期中世紀思想的主要革新是世俗國家觀念的發展，而這一觀念『人是天生的政治動物』這一命題的產物。這種觀念通過亞里士多德《政治學》和《倫理學》的重新發現而被要求。」[2]厄爾曼認為：「從十三世紀後半葉開始，亞里士多德的影響就造成了思想上的轉變，帶來了一場觀念上的革命。無論是在事實還是理論上，十三世紀的亞里士多德洪流都標誌著中世紀和現代之間的分水嶺。」[3]邁克爾・維爾克斯（Michael Wilks）認為：「伴隨著亞里士多德被遺忘的著作的重新發現，十三世紀發生了這種『哲學復興』。」[4]

1　Gaines Post, *Studies in Medieval Legal Thought: Public Law and the State 1100-1322*, Princeton, New Jersey: Princeton University Press, 1964, p.498.

2　〔英〕J・H・伯恩斯主編，郭正東等譯：《劍橋中世紀思想史》（北京市：生活・讀書・新知三聯書店，2009年），頁500。

3　〔英〕沃爾特・厄爾曼著，夏洞奇譯：《中世紀政治思想史》（南京市：鳳凰出版傳媒集團・譯林出版社2011年），頁154。

4　Michael Wilks, *The Problem of Sovereignty in the Later Middle Ages: the Papal*

亞里士多德的著作被翻譯傳播到拉丁世界，他的理論思想重新被接受和認識，進而引起思想觀念上的變化，這種變化被稱為「亞里士多德革命」或「亞里士多德復興」（the Revival of Aristotle）。

托馬斯·阿奎那（Thomas Aquinas，約1225-1274）或許是最早運用亞氏《政治學》的作者。[5]他成功將《政治學》的思想融入基督教神學體系，在他之後的繼任者，同樣運用了亞氏《政治學》的理論。阿奎那出生於義大利西西里王國的羅卡塞卡堡（castle of Roccasecca），他的家族與神聖羅馬帝國皇帝保持著密切關係。阿奎那五六歲時，在卡西諾修道院學歷數學和拉丁文。一二三九年，進入那不勒斯（Naples）的大學學習，接觸到亞里士多德的形而上學、自然哲學與邏輯學著作，以及亞里士多德學派的代表人物邁蒙尼德（Maimonides）的著作。一二四四年，成為多米尼克修會（Dominicans）的修士。一二四五年到巴黎大學學習，成為大阿爾伯特（Albert the Great，約1200-1280）的學生，在其引導下，對亞里士多德著述有了全面的接觸和認識，同時完成了神學的學習。一二五七年開始，在巴黎大學任教。[6]在學習和任教期間，編撰了大量著述，代表性的有《反異教大全》（On the Reasons of the Faith against the Saracens, Greeks and Armenians, to the Cantor of Antioch, *De rationibus fidei contra Saracenos, Gracos et Armenos, ad Cantorem Antiochiae*）、《神學大全》（*Summa Theologica*）、《論君主政治》（On Kingship/On the Government of Rulers, to the King

---

  Monarchy with Augustinus Triumphus and the Publicists, Cambridge: Cambridge University Press, 1963, p.84.

5 James M. Blythe, *Ideal Government and the Mixed Constitution in the Middle Ages*, Princeton, N.J: Princeton University Press, 1992, p.39.

6 阿奎那的生平參見：叢日雲主編：《西方政治思想史》（第二卷）（天津市：天津人民出版社，2005年），頁278-281。

of Cyprus, *De regno [De regimine principum], ad regem Cypri*）等，以及多部關於亞氏著作的評注。

第一節　民權論

《論法律》（*De Lege*）是《神學大全》第二集第一部分的問題九十到問題一○八，在寫作上模仿當時流行的「論辯」模式，以問題形式展開，是阿奎那系統論述法理的章節。

阿奎那在該書中將法分為四類：「在人回歸上帝的過程中，推動人類行為的規則是在上帝自身的理智中發生的創世所包含的規則。這種神聖的規則被稱為永恆法。通過創世過程，永恆法被植入人性；活躍於人身上的理性發出的指令被稱為自然法。由於人是不完美的，因而他僅擁有永恆法的一般性原則；人自己根據人類生存的各種偶然狀況進行調整與闡發，從而產生人定法。如果人僅僅是自然的存在者，通過在人世間的成就而實現生存的完滿，那麼這種指示便足夠了。但是，由於他被導向精神性的超驗至福，因而也就有必要獲得關於《舊約》和《新約》中的神聖法的特殊啟示，這些啟示被稱為神聖法。這四種法，永恆的、自然的、人定的和神聖的，構成法學理論的主題。」[7]

阿奎那將專門為人類設計的法律稱為人法，「法律是人的行為的一種原則，因為它是行為的規則和標準。那麼，如果理性是人的行為的一個原則，理性本身之中即存在著關於其他一切事物的原則。因此，法律必定主要地涉及這一原事物的首要原則是實踐理性的對象，

7　〔美〕沃格林著，葉穎譯：《政治觀念史稿（卷二）中世紀（至阿奎那）》（上海市：華東大學出版社，2009年），頁245。

它來自最終目的:如我們已經表明的,人生的最終目的是幸福或者至福。」[8]他關於人法的完整定義為:「法律是由共同體的治理人為了共同善而制定並頒佈的蘊含理性的命令。」[9]根據該定義,法律包含四個互相關聯的因素:法律是理性的命令,以共同善為目的,由共同體的治理人制訂,必須予以頒佈。這四個要素結合在一起,使得一則命令成為一項法律。法律應當與宗教、與自然法的各項原則保持一致。它既不應當對人力所不能及之事提出要求,也不應當違背本地傳統,而且應當考慮時間與空間的各種狀況,確屬必須,服務於大眾福利,並且條文明晰。[10]

阿奎那關於「誰可以立法」的問題,認為只有全體民眾或者那些關心共同體的人才有權立法。他首先引用伊西多爾和《教令集》的觀點:「法律是人民的構造,遵循尊長和民眾共同的規定。(Lex est constitutio populi, secundum quam majores natu simul cum plebibus aliquid sanxerunt.)……恰當稱謂的法律首先是關於共同善的命令。但規定何者實現著共同善,這或者屬全體民眾,或者屬全體民眾的代理人。因此法律的制定或者屬全體民眾,或者屬關心全體民眾的公共人格者;因為在所有其他事項上將某物導向目的也與屬該目的者相關。」[11]換

8　〔義〕阿奎那,楊天江譯:《論法律》(北京市:商務印書館,2016年),頁6。

9　St.Thomas Aquinas, *Summa Theologiae (volume 28):Law and Political Theory: 1a2ae. 90-97y*, Latin text, English translation by Thomas Gilby, O.P., Cambridge: Cambridge University Press, 2006, p.16. "Et sic ex quatuor praedictis potest colligi definitio legis, quae nihil est aliud quam quaedam rationis ordinatio ad bonum commune, ad eo qui curam communitatis habet, promulgate." 〔義〕阿奎那著,楊天江譯:《論法律》(北京市:商務印書館,2016年),頁11。

10　〔美〕沃格林著,葉穎譯:《政治觀念史稿(卷二)中世紀(至阿奎那)》(上海市:華東大學出版社,2009年),頁250。

11　〔義〕阿奎那著,楊天江譯:《論法律》(北京市:商務印書館,2016年),頁9。St.Thomas Aquinas, *Summa Theologiae (volume 28): Law and Political Theory*, Latin text, English translation by Thomas Gilby, O.P., Cambridge: Cambridge University Press, 2006,

言之，人人都有權參與制定法律，因為法「不僅以統治者的方式，而且以被統治者分有的方式存在於人中。就後一種方式而言，在人分有其所收到的統治者命令的意義上，每個人都是有其自身的法。」[12]因此，從阿奎那的人法定義和立法權問題的論斷可見，人法所確立的標準並不是為了某一個人的利益，而是為了全體人民，正如薩拜因分析：「支撐人法的乃是一種普遍的權威，而不是個人的意志，因為它是為了其共同利益而行事的整個民族經由立法或通過創立習慣這樣一種不大明確的方法而達致的一個產物；或者說，人法得到了受託治理該社會而擔任公職的人物的批准。」[13]

阿奎那不僅表達了人法權力來自人民的思想，還充分肯定了人民參與政治的重要性，認為人民參政既保障了社會內部的安寧，又可使權力獲得正當的安排，達到神法規定的最佳混合政體。「關於一個城市或國家的權力的正當安排，有兩點必須加以考慮。第一點是大家都應當在某一方面參與政治。事實上，正是這一點保障了社會內部的安寧，並且，像我們在《政治學》（第二篇，第一、二節）中讀到的，各國人民都真實和保衛這種情況。另一個需要考慮的問題涉及到政體或管理政治事務的形式。在亞里士多德在《政治學》第三篇（第五、六、七節）所列舉的各種政體中，此較重要的是君主政治和寡頭政治；前者只有一人依據德行實行統治，後者則為少數人依據德行在其

---

pp.12-14. "*Dicendum quod lex proprie primo et principaliter res picit ordinem ad bonum commune. Ordinate autem aliquid in bonum commune est vel totius multitudinis vel alicujus gerentis vicem totius multitudinis. Et ideo condere legem vel pertinent ad totam multitudinem, vel pertinent ad personam publicam quae totius multitudinis curam habet; quia et in omnibus aliis ordinare in finem est ejus cujus est proprius ille finis.*"

12 〔義〕阿奎那著，楊天江譯：《論法律》（北京市：商務印書館，2016年），頁9

13 〔美〕喬治・薩拜因著，鄧正來譯：《政治學說史》（上卷）（上海市：上海人民出版社，2008年，四版），頁306-307。

中執掌職位的由若干最優秀的人士實行的統治。所以，當有一位德行高超的人治理著大家，他手下還有其他一些人實行仁政的時候，並且當大家由於具有當選的資格以及參加選舉統治者而參與這種政治的時候，一個城市或一個王國的內部就獲得了權力的最好的安排。在君主政治下，只有一人執掌政權；在寡頭政治下，有許多人依據德行參加政府；在民主政或平民政治下，統治者可以從人民中選出，而全體人民都有權選舉他們的統治者——這些制度的適當的混合就造成最好的政體。這也就是神法所規定的一種政體。」[14]可見，阿奎那和亞里士多德一樣，實際上是傾向於贊成混合政體，其中君主的權力，由於人民的選舉變得溫和，借用近代的術語來說，他理想的政體是有限的和立憲的君主政體。

　　有學者評價：「阿奎那是第一個提出人民主權學說的人。人民的聲音就是上帝的聲音。這種等同性有一個前提，即當人民為了共同善而制定了公正的法律時，人民的聲音才是上帝的聲音。否則，人民主權會退化為多數人強權，後者是另一種暴政。但是，當實證法由正當地建構的權威制定，以自然的道德法則為基礎，並且代表了對人類行為的公正的規制，那麼，這些實證法就並非單純以強力為基礎，對人的行為發出指令，而是以正當的權威為基礎，發出指令。這些法律雖然會運用制裁的力量懲罰那些違法的、僅畏懼懲罰的人，但是，它們從良心上約束善良的人。在善良的人基於德性的驅使而遵守法律時，他們不是因為受到強制而遵守法律，而是在自由地遵守法律。」[15]

---

14 〔義〕托馬斯・阿奎那著，馬清槐譯：《阿奎那政治著作選》（北京市：商務印書館，2013年），頁132-133。〔義〕阿奎那著，楊天江譯：《論法律》（北京市：商務印書館，2016年），頁336。

15 Mortimer Adler, *The Development of Political Theory and Government*, Encyclopaedia Britannica, 1959, p.72. 轉引自：陳慶：《法之存在、本質及其概念構造——托馬斯・阿奎那法本體學說》（長春市：吉林大學博士學位論，2010年），頁191。

「聖托馬斯・阿奎那認識到主權最初和根本上是屬人民的,其明確程度一點也不比《獨立宣言》差。」[16]儘管阿奎那是否為人民主權論者仍有爭議,但他對法律的論述,特別是人人可以參與人法的制定、人民有權利參與政治的理念,以及他闡述的混合政體,都展示了中古的憲政民主精神。

第二節　王權論

一　王權有限

阿奎那在《論君主政治》中將憲政政府理論與暴政問題聯繫在一起提出。[17]阿奎那理想的政體為混合制,即有限的君主政體,他在《論君主政治》中指出:「任何統治者都應當以謀求他所治理的區域的幸福為目的;……由一個人掌握的政府比那種由許多人掌握的政府更容易獲得成功。……上帝通過他的先知答應他的人民:作為一個巨大的恩惠,他要把他們放在一人之下,只有一個君主來統治他們大眾。」[18]關於君主,阿奎那認為,一個君主應當認識到,他對他的國家已經擔負起類似靈魂對肉體,上帝對宇宙的那種職責。他一方面認為君主的權力來自上帝;另一方面又要求君主愛護臣民,「如果那些國王能廣施仁政,樂於懲惡而不欺壓人民,為了愛慕永恆的幸福而不

---

16 〔美〕斯科特・戈登著,應奇等譯:《控制國家:從古代雅典到今天的憲政史》(南京市:江蘇人民出版社,2008年),頁32,注釋1。

17 〔美〕沃格林著,葉穎譯:《政治觀念史稿(卷二)中世紀(至阿奎那)》(上海市:華東大學出版社,2009年),頁242-243。

18 〔義〕托馬斯・阿奎那著,馬清槐譯:《阿奎那政治著作選》(北京市:商務印書館,2013年),頁48-49。

是為了貪圖虛榮以盡其職責，我們才認為他們是幸福的。」[19]賢明的君主可以得到上帝的獎賞，這種獎賞「是一種只能在上帝那裡找到的報酬」。[20]君主的權力雖然來自上帝，但並非沒有約束，在談到君主權力與法律關係時，阿奎那指出：「就法律的拘束力而言，一個君主的地位是超過法律的。……就法律的支配能力來說，一個君主的自願服從法律，是與規定相符合的……如果君王自承受法律的拘束，這是與一個統治者的尊嚴相稱的說法；因為甚至我們的權威都以法律的權威為依據。事實上，權力服從法律的支配，乃是政治管理上最重要的事情。」在他看來，君主的權威實際上是以法律的權威為依據的。他說，按照上帝的判斷：「無論何人，如為他人定法律，應將同一法律應用於自己身上。我們根據賢哲的精神瞭解到，你應當使自己受你所頒佈的同一法律的支配。……一個君王不能不受法律的指導力量的約束，應當自逐地、毫不勉強地滿足法律的要求。所謂君王的地位高於法律，也可以從這樣的意義來理解：如果必要的話，他可以變成法律，或者根據時間和地點免於實施法律的某些規定。」[21]雖然阿奎那認為：「就法律的拘束力而言，一個君主的地位是超過法律的，」但是有條件的，只有當政治權威遵循良知而存在時，它才能對人的行為有良心上的約束力：「人們意欲某種目的，理性就發佈關於這一目的所要求的事物的命令。但為了使得命令的意志具有法律的性質，它就需要與特定的理性規則保持一致。應當在這個意義上理解最高統治者的意志即有法的效力這樣的說法，否則最高統治者的意志毋寧是不義

---

19 同前註，頁67。
20 同前註，頁66。
21 〔義〕托馬斯‧阿奎那著，馬清槐譯：《阿奎那政治著作選》（北京市：商務印書館，2013年），頁126-127。〔義〕阿奎那著，楊天江譯：《論法律》（北京市：商務印書館，2016年），頁105。

而非法律。」[22]所以，他承認君主的地位有時可以高於法律的時候，他是指君主在實施法律過程中的某種靈活性而言的，而絕對不是指君主的意志可以取代法律。他堅持君主受法律的制約、適當限制王權及其對混合政體的偏愛，也都說明了這一點。

二 反暴君暴政

阿奎那批判了與君主政治相對照的暴君政治：「由一個國王執掌政權的政體是最好的政體，同樣地，由一個暴君執掌政權的政體是最壞的統治形式。……暴君政治可以和國王的統治相對照，因為二者都是單獨由一個人實行統治的。我們已經指出，君主政治是最好的政體；所以，由於最好的形式可以和最壞的形式相對照，我們可以推斷說，暴君政治是壞的政體。……一個無道的統治者所行使的政權是與社會有害的，因為他把私人利益代替了公民的共同福利。……在無道的政權下，情況恰恰相反，因為它所憑藉的統一的規模愈大，它就愈加有害。所以，暴君政治比寡頭政治有害，寡頭政治又比民主政治有害。再說，使政權無道的因素是，統治者在追求個人的目的時損害了公共利益。所以，公共利益所受損害愈大，政權就愈加無道……所以，暴君政治是最無道的政權形式。……有道的政權最好單有一人來掌握……如果這樣的政權一旦變為無道，那麼由多數人掌權從而在內部的摩擦影響下趨於衰弱，就比較好些。所以，在各種無道的政權的形式中，民主政治是最可容忍的，暴君政治是最壞的。」[23]阿奎那接著描述暴君的形象：「一個不是根據理智而是根據情欲行使職權的人

---

22 〔義〕阿奎那著，楊天江譯：《論法律》（北京市：商務印書館，2016年），頁5。
23 〔義〕托馬斯·阿奎那著，馬清槐譯：《阿奎那政治著作選》（北京市：商務印書館，2013年），頁49-51。

實際與禽獸毫無分別……聽任一個暴君擺佈，也同聽任一隻野獸擺佈沒有什麼分別。」[24]

　　面對會出現暴君暴政的問題，阿奎那認為君主制度是防止暴政的上策，採取預防的措施。「既然一人執政是最優良的制度因而值得歡迎，既然像我們已經指出的那樣，它經常有可能發展成為政體上說最壞的暴君統治，所以必須採取各種預防措施，使提供給社會的統治者不致成為暴君。首先，在可能的候選人中，無論誰被宣佈接任王位，都應該具有使他不致成為暴君的德性，這是十分必要的。……其次，君主制度在組織上應作這樣的規定，使國王一旦當政時沒有機會成為暴君。同時應該適當地限制王權，使他不能很容易地轉到暴政方面去。……最後，我們必須考慮，萬一國王橫暴起來，應當採取什麼行動。」[25]如果暴君暴政十分嚴酷，阿奎那認為直接殺死暴君可能不會從抑制暴政方面得不到什麼好處，他認為：「克服暴政的弊害的辦法應以公眾的意見為準……特別在一個社會有權為自身推選統治者的情況下，如果那個社會廢黜它所選出的國王，或因他濫用權力行使暴政而限制他的權力，那就不能算是違反正義。這個社會也不應為了這樣地廢黜一個暴君而被指責為不忠不義，即使以前對他有過誓效忠誠的表示也是如此；因為這個暴君既然不能盡到社會統治者的職責，那就是咎由自取，因而他的臣民就不再受他們對他所作的誓約的拘束。……如果在另一方面，任命國王來統治某一個社會的權利屬一位長輩，那麼，糾正過度暴虐的辦法就必須向他求取。……最後，當沒有希望靠人的助力來反對暴政時，就必須求助於萬王之王的上帝。」[26]因此，

---

24 〔義〕托馬斯・阿奎那著，馬清槐譯：《阿奎那政治著作選》（北京市：商務印書館，2013年），頁53。
25 同前註，頁57。
26 同前註，頁59-60。

根據阿奎那的觀點，應對暴政首先通過限制王權這種以預防為主的方式，但當暴君沒有盡到自己的職責，維持正義，促進人民的共同幸福，人民可以推翻暴君政治，這是合情合理的。君主權力來源於上帝，上帝的意志不等同於君主的意志，因此，來源於上帝理性的法律體現的是一種神化了的抽象的普遍意志，而不是特殊的某個人的意志。這種理性思維和法治精神，在一定程度上意味著對人的意志的制約。阿奎那的反抗暴君思想對後世產生了重要影響，正如唐特・雷佛評價：「基督教的服從觀念逐漸發展成為消極服從的學說，以後又發展成為可以反抗甚至有責任反抗的理論。中世紀基督教的戰鬥精神在聖托馬斯的學說中發出光輝。」[27]

　　總之，阿奎那明確指出一個國王的權力應當受到「限制」（temperetur），與暴政不同的真正的統治或政府乃是「合法的」；有一些政府的統治者的權力源自人民，因此在這種情況下，人民堅持要求統治者履行其據以取得權力的那些條件的做法是合法的。[28]這些理念都體現了當時的法律至高無上的法治精神，「政府或統治就是一種由各種日益變化的模式組成的萬花筒，然而在所有這一切的背後卻只有一種正當、一種法律和一種正義。」[29]

---

27 〔義〕托馬斯・阿奎那著，馬清槐譯：《阿奎那政治著作選》（北京市：商務印書館，2013年），頁33。
28 〔美〕喬治・薩拜因著，鄧正來譯：《政治學說史》（上卷）》（上海市：上海人民出版社，2008年，四版），頁303。
29 同前註，頁307。

第四章
帕多瓦的馬西利烏斯

中世紀時期，神聖羅馬帝國發展的一個重要特徵是教皇和皇帝的鬥爭，雙方互有勝負。巴伐利亞的路易四世（Ludwig IV the Bavarian, 1282-1347, 1314-1347年在位）統治期間，阿維尼翁（Avignon）的羅馬教皇約翰二十二世（Pope John XXII, 1244-1334, 1316-1334年在位）拒絕承認路易四世為皇帝，引起德意志諸侯的不滿。在經過一系列法令之後，皇帝獲得不受教皇限制的憲法地位。[1]在這場鬥爭中，湧現了一批支持各方的學者和著作，帕多瓦的馬西利烏斯（Marsilius of Padua/Marsilio or Marsiglio da Padova, c.1278-1342）成為反教皇派的代表。

馬西利烏斯出生在義大利的帕多瓦，青年時期一直在這裡度過，中年在法國，老年在德國，從事過多種職業。馬西利烏斯在帕多瓦大學學習醫學，或許還學習了法律；做過神聖羅馬皇帝亨利七世的（Henry VII, c.1275-1313）騎士；巴黎大學的院長，之後繼續從事醫生事業，在此期間和法國學者讓丹的約翰（John of Jandun, c.1285-1323）[2]成為好友；當過路易四世的大使和顧問；一三二九年回到德國度過後半生。[3]馬西利烏斯一直熱衷於政治，與路易四世的王室關係密切。

---

[1] 〔美〕沃格林著，段保良譯：《政治觀念史稿（第三卷）中世紀晚期》（上海市：華東大學出版社，2009年），頁87。

[2] 一些學者認為讓丹的約翰與馬西利烏斯合作完成了《和平的保衛者》，Frank Godthardt, "The Life of Marsilius of Padua," in Gerson Moreno-Riaño and Cary J. Nederman, eds., *A Companion to Marsilius of Padua*, Leiden: Brill, 2012, p.26.

[3] C. Kenneth Brampton, "Marsiglio of Padua: Part I. Life," *The English Historical Review*, Vol.37, No.148 (1922), pp.503-504.

當時古希臘作品在西歐復興，特別是亞里士多德，馬西利烏斯的著作試圖將基督教與古典學說調和。一三二四年，馬西利烏斯在巴黎完成了《和平的保衛者》(Defensor pacis)的寫作。在該書第一卷第一章第六節中，馬西利烏斯明確指出該書的讀者群，並且特別指出是獻給路易四世的：「對給予者的崇敬，對探知真相的熱情，對兄弟和國家持久的愛，對受壓迫者的憐憫同情；呼籲被壓迫者不要犯走旁門歪路的錯誤，激勵那些能防止這種（錯誤）發生的人採取行動；特別是對您，最高貴的路易，神聖羅馬帝國的皇帝，作為上帝的代理人，將為本書做結尾，這是來自外部的希望：您有某些特殊的古代的血緣權利，更不用說您的英雄氣質和閃耀美德，消滅異端的意志，支持保護天主教真理及其它真理原則，消除邪惡宣揚美德，結束各地爭鬥傳播寧靜和平，這些都是根深蒂固確定的。我經過一段時間辛苦勤勉地探索，寫了如下的思想總結，這些總結會對您提供一些幫助，讓大多數人反對上述的那些錯誤及其他意外事件，使得國家凝聚聯合。」[4]《和平的保衛者》的內容由三卷組成。第一卷討論了世俗政治權威的起源和本質，著重強調了民眾「共同同意」是良好政府的基礎，但沒有倡導任何特殊的憲政體制。第二卷的篇幅幾乎為第一卷的四倍，該部分審視並譴責了教士，特別是教皇對世俗權力的要求，並主張教會應該由其成員組成的宗教大會來統治。第三卷簡要總結了前兩卷中得出的一些有價值和值得強調的結論。[5]這部著作被譽為「這是中世紀晚期最富原創性和影響力的一部著作。」[6]馬西利烏斯還著有兩部重

---

4 Marisilius of Padua, *The Defender of the Peace*, trans. by Annabel Breet, Cambridge: Cambridge University Press, 2005, I, i, 6, p.8

5 Marsiglio of Padua, *Defensor minor and De translatione Imperii*, edited by Cary J. Nederman, Cambridge: Cambridge University Press, 1993, p.xi.

6 徐大同、叢日雲：《西方政治思想史》（第二卷）（天津市：天津人民出版社，2005年），頁400。

要的著作:《帝國的變遷》(*De translatione Imperii*) 和《小辯護書》(*Defensor minor*)[7]。《帝國的變遷》共有十二章,簡要介紹了帝國發展的歷史,特別關注權力的轉移從羅馬人到希臘人,在到法蘭克人,緊接著是德國人,在該書中作者指出世俗國家根據理性建立並且與法律一致(*secundum rationem seu de iure*)。[8]《小辯護書》分為兩卷,第一卷的主題與《和平的保衛者》相同,比如對朝聖者一詞的運用,縱容行為的合法性,宗教誓約的特點等,最重要的是強調理論上和政治學的主題,如帝國的角色,吸收進了人類立法者理論,闡述宗教會議的結構和行政。第二卷處理有關婚姻的兩個問題,即婚姻中結合的配偶能否「因為某些原因分開,那個機構授予這種權力」,什麼程度的血親不能結婚,哪一機構進行確認。[9]馬西利烏斯在這些著作中,激烈地批判教權派的教權至上觀,主張設立宗教大會,闡述了有機體觀點,確立至高無上之的世俗組織。法律思想是馬西利烏斯政治思想的核心之一,他提出立法權在民(人民立法者),人民是一切權力的來源,該觀點中蘊含的憲政民主思想產生了深遠的影響。

第一節　法律觀

一　法律和正義

馬西利烏斯認為國家(*regnum*)主要有四層意思,首先,單從地

---

[7] 又譯為《和平的保衛者(小卷)》,殷冬水著,曾水英譯(長春市:吉林人民出版社,2004年)。

[8] Gianluca Briguglia, "The Minor Marsilius: The Other Works of Marsilius of Padua," in Gerson Moreno-Riaño and Cary J. Nederman, eds., *A Companion to Marsilius of Padua*, Leiden: Brill, 2012, pp.271-272.

[9] Ibid, p.287.

理層面上來講，在一個政府管理下的城市或身份的聯合。從這方面來講，*regnum* 和共同體（*civitas*）之間有很大差別，前者是多種類型政治組織的一個大的集合。第二，從傳統的憲法角度，*regnum* 是一種適度的政體，由一個統治者統治人民，亞里士多德傳統叫適度君主政體（monarchia temperate），可以涉及一個 *civitas* 或者更多的 *civitates*。第三，最為常見的，*regnum* 用來表示前兩種含義的政治現實。所以 *regnum* 是一種特定的政府，適度君主政體將權力運用到城市或省份的集合體中。第四，*regnum* 表示世俗政府中與眾不同的因素特徵，政府代表著優先考慮共同福祉，而不是只考慮一部分人。[10]馬西利烏斯表示這是政治家卡西奧多羅斯（Cassiodorus, 490-585）的想法：「早期國家期望和平，在這種國家中，人民生活富足，所有民族幸福，都能得到保障。」[11]馬西利烏斯認為 *regnum* 要受到法律的管理，構建適度政府是最好的。[12]也就是說，他認為一個有序的 *regnum* 的其中一個特徵是有一個絕對的君主統治一切（適度君主政體），他強調一個城市或王國只能有一個政府，如果有多個政府，因為地理原因，必須有一個最高的，改正其它政府的錯誤。這種統治者或者統治機構要與人民制定的法律一致。人民立法者是法律存在的充足理由。在這種情況下，人民立法者是人民整體（*universitas civium*），或者最重要的部分（*valentior pars*），通過選舉或者聚集的民眾意願的表達，根據所有民眾的提議，決定去做什麼。持續的選舉選出政府機構還是在繼承原則下的一種選舉，馬西利烏斯更傾向於選舉系統。他認為這樣最

---

10 Marisilius of Padua, *The Defender of the Peace*, trans. by Annabel Breet, Cambridge: Cambridge University Press, 2005, I, ii, 2, pp.11-12.

11 Ibid, I, i, 1, p.3.

12 Francesco Maiolo, *Medieval Sovereignty: Marsilius of Padua and Bartolus of Saxoferrato: A Study on the Medieval Origin of the Idea of Popular Sovereignty*, Maastricht: Maastricht University, 2007, p.208.

有可能選出最好的君主。[13]在《和平的保衛者》第一卷中，他指出法律的四種含義：首先，法律對一些行為或激情來說是一種自然敏感的趨向。第二，法律意味著任何生產性的習慣，普遍意義上每種形式存在於思想中，生產出來，來自於例子或措施，根據技藝表現出各種形式。第三，法律是一種標準，包含對人類自發形成法案的告誡，這些法案是對今後世界榮耀的讚賞或者不好的懲罰。即使是摩西法律（Mosaic Law）在某種程度上稱作法律，正如作為整體的福音派法律（Evangelical Law）也稱作法律。最後，也是最廣泛的層面，法律是一種對公眾正義和利益以及其反面有關事務的科學或者學說或者普遍的評判。[14]然後，馬西利烏斯對法律進行了定義：「法律可以通過兩種途徑考慮：第一種方法，看是否正義，是有利還是有害；這種稱作權利科學或信條。第二種方法，可以看作是否依據觀察是一種命令，通過在現世懲罰或獎勵的措施強制執行；或者通過命令傳承下去。這種可以稱為法律。……法律是基於一種政治理解的條例，這種條例關注正義和有益事務，通過政治審慎其對立面，擁有這種強制性權力，這種命令迫使人們遵守，或者（法律）通過這種命令頒佈。」[15]

馬西利烏斯的法律觀中包含這種正義的觀念。思考中世紀的法律術語不能不考慮正義的概念，二者不能區分開。法律使得正義概念變為現實，正義的現實給予社會法律形式，正如厄爾曼所說：「在中世紀的大部分情況下，我們一般叫做『政治』的東西都是以法律的方式來表達的。法律是由各種政府頒佈的，旨在將社會的目標變為現實。……作為政府的載體，法律追求著一定的目標，當時（如同現在）

---

13 Ibid, pp. 208-209.

14 Marisilius of Padua, *The Defender of the Peace*, trans. by Annabel Breet, Cambridge: Cambridge University Press, 2005, I, x, 3, pp.52-53.

15 Ibid, I, x, 4, pp.53-54.

的目標是什麼，取決於作為法律之前提的觀點和學說，所以中世紀的法律體現了社會的意圖、目標或者說是目的。在整個中世紀，這種所謂的目的論的法律觀念都是特別重要的。……法律試圖將正義的理念變為現實，但何為正義又取決於相關的政府對正義的看法。」[16]馬西利烏斯指出法律和正義的兩種相同的來源，第一個重要來源是羅馬法律體系。馬西利烏斯學習了《查士丁尼法典》(Corpus Juris Civilis)，以西塞羅的作品為開端，採用了西塞羅的法律(ius)作為權利(right)的意思，闡釋正義的來源在法律。西塞羅認為正義基於自然(natura, nature)，從自然中人們得到法律的饋贈。人們得到法律的同時得到正義，二者共同來源於自然。真正的法律與自然相同的正確理性。西塞羅認為沒有社會共同體可以沒有法律。法律和正義通過法律施行，團結了整個社會團體。另一個法律來源是基督教傳統。包括《聖經·舊約》中的摩西法律(five books of Mosesm)，猶太教律法書《密西拿》(Mishna)這一同樣由摩西制定的法律。《聖經》中法律的類型主要在聖保羅的著作中看到，在他寫給羅馬的信中，多次提到摩西律法。從奧古斯丁到馬西利烏斯的時代，教父和其他學者大力發展了法律理論。制定法(Positive law)在民法中使用，十二世紀在博洛尼亞(Bologna)學習這種法律。即使是沒有專門的術語，至少在理論上，民法是來自於自然法，並且與人類墮落有關，可以根據不同時間地點環境改變。教會同樣發展了自己的教會法。[17]

馬西利烏斯定義正義為法律的最終目的：「（法律的）主要最終目標是人民正義和共同利益；第二目標是統治者的安全，特別是世襲繼

---

16 〔英〕沃爾特·厄爾曼著，夏洞奇譯：《中世紀政治思想史》(南京市：鳳凰出版傳媒集團·譯林出版社，2011年)，頁11。

17 Mary Alice Butts, *The Political Doctrines of Augustine of Hippo and Marsilius of Padua: A comparison*, Ph.D. Dissertation, University of Toronto, 1974, pp.59-67.

位，和政府交接時的長時間段。法律的必要性主要體現在：在國家中訂立法律是必要的，如果沒有法律，民事審判就不可能做到完全正義。」[18]可見，在馬西利烏斯看來，人民的地位是非常高的，法律可以實現人民正義，使民事審判公正。馬西利烏斯對正義最後定義為：「正義也涉及某些特殊司法習慣或行為；在這種意義下，希望公正或正義意味著希望平等或者按比例交換或分配。」[19]

馬西利烏斯又介紹了正義的程度，一些法律中的正義健全，一些不健全，「並不是對所有事務真正的認知都是正義和有益的法律，除非是依據慣例的強制性命令，或者通過命令制定，但是這種真正的認知是健全法律所必要的。」[20]這種正義的區別只有在人類法律中存在，在高級別的法律中不存在。馬西利烏斯認為人們聚集能夠決定什麼利於共同利益，什麼是公平正義。在完善的社會團體中人們會頒佈正義的法律，而在未開化的團體中，法律是沒有特別公正，所以不是健全的法律。在講道國家時，馬西利烏斯認為人們在邪惡的社會互相爭吵爭鬥，除非他們的生活行為受一定的「正義準則」支配。[21]

馬西利烏斯認為：「對正義和有益的錯誤認知依舊可以成為法律。」他繼續舉例在「一定的野蠻地區」執行法律，「被認為是正義的」，謀殺者通過繳納罰金被「判罪和得到懲罰」。馬西利烏斯認為這種法律是「絕對不正義的，這種野蠻人的法律因此絕不是完美的。」這種法律不健全的原因是：「儘管他們有合適的形式，遵守強制性的命令，缺少適當的條件，即適當真正的正義秩序。」[22]

---

18 Marisilius of Padua, *The Defender of the Peace*, trans. by Annabel Breet, Cambridge: Cambridge University Press, 2005, I, xi, 2, p.564.

19 Ibid, II, xii, 12, p.255.

20 Ibid, I, x, 5, p.54.

21 Ibid, I, ix, 4, p.20.

22 Ibid, I, x, 5, p.54.

因此健全的法律包含真正的正義，缺少正義甚至沒有正義都被稱為不健全的法律。在國家中，法律和正義不會相互矛盾。國家的所有人民是立法者，他們知道什麼是對共同利益最好的。由全體人民制定的法律「決定幾乎完全地什麼是正義什麼是不正義，有利還是有害，根據每個人的民事行為。」[23]所有人民制定法律，因為他們能決定什麼是正義。由此看來馬西利烏斯優先考慮正義，「整個人民群體理智和感性的目標是更加確定地判斷真理，更加勤勉地建設公共事業，缺陷在於一些法案本該由大多數人制定，而不是其中一部分，因為整體至少有形的整體，在數量和德性方面優於分散的個體。」[24]馬西利烏斯還重視法律的強制性因素，所以人民的意志要求有這種強制性。「立法者，或者法律的主要適合的直接動因，是人民或者說人民整體，或者重要的部分，通過人民聚集選舉或者意志表達，根據民事行動，命令或者決定哪些需要做，哪些可以忽略，在世俗的痛苦或懲罰下。」[25]對懲罰措施的畏懼是對犯罪的一種有效震懾。馬西利烏斯認為對懲罰的恐懼和法律的強制性都是法律定義的一部分。沒有強制性就不會有健全的法律。可見，馬西利烏斯認為法律始終包括正義和強制性命令兩個元素。

二 法律類型

馬西利烏斯認為法律分為人法和神法。[26]在《小辯護書》裡，他更明確地闡釋：「神法是上帝直接發出的無需人之意見的命令；它們

---

23 Ibid, I, xi, 3, p.58.
24 Ibid, I, xii, 5, p.69.
25 Ibid, I, xii, 3, p.66.
26 Ibid, II, xii, 3, p.250.

所關涉的是人在現世應當為的或應當避免為的意志行為，但是，這卻是為了達致人在來世的最佳目的，或者某種之於人在來世的可欲條件。人法是全體公民或其主要部分的命令，這種命令乃是那些有權制定法律的人直接研究和思考出來的；它們所關注的是人在現世應當為的和應當避免為的意志行為，以求達致人在現世的最佳目的，或者某種之於人在現世的可欲條件。我的意思是指這樣一種命令，即在現世裡，違反這一命令的人，就會受到刑罰或懲罰的強制。」[27]

馬西利烏斯沒有特別強調永恆的神法，但是從其書中經常可以看到作為其他法律標準的神法的存在。馬西利烏斯一方面認為法律與權利相同，他闡述自然權利時會闡述自然法。在談自然權利時，他列舉了必須禮拜上帝，尊敬父母，任何人不得受到傷害，他解釋這種法律「取決於人類頒佈」，但是這種法律「比作自然權利，因為在所有地區，這種是合法的，與之相反則是不合法，正如像『火』在『這裡燃燒』和同樣的方式『在波斯燃燒』。」[28]馬西利烏斯指出自然法的傳統含義，即人類的正確理性，是來源於上帝意志並與其一致，同時闡述了自然權利的內涵：「有人將自然權利定義為實踐中正確理性的指示；因此所有和神法一致以及正確理性指導的行為都是合法的；但是並不是與人法一致的所有行為合法，因為一些人法遠離了正確理性。」[29]馬西利烏斯沒有將自然法源自神法這種原則給出闡釋。他稱神法為「福音律法」，由上帝往下傳，包括「對必須相信的、所作的和避免的命令和勸告，通過遵守這些，不僅人們免受了感官的懲罰，

---

27 〔美〕喬治·薩拜因著，鄧正來譯：《政治學說史（上卷）》（上海市：上海人民出版社2008年，四版），頁340-351。

28 Marisilius of Padua, *The Defender of the Peace*, trans. by Annabel Breet, Cambridge: Cambridge University Press, 2005, II, xii, 7, pp.253-254.

29 Ibid, II, xii, 8, p.254.

因為他們遵守了先前的命令（《聖經・舊約》中的猶太律法），但他們通過上帝恩典的命令，與其一致，獲得永恆的幸福。」[30]福音律法在傳統的聖經觀點中是神法。馬西利烏斯將其視為「恩典律法」，「由上帝給予並傳承」，是一種強制性的法律，並且尤其決定懲罰和獎勵。[31]神法「只在未來的世界」有強制力。[32]因為審判違反神法的犯罪只有基督本人。[33]他希望維護因信仰團結的基督團體，這需要一種強制性，問題是誰來執行這種強制性。他認為教會中沒有領導有這種權力。「永恆的救贖，需要一位高於所有人的強制審判，這點還沒有闡述，儘管與全體主教相比普通信徒似乎更為需要，因為世俗統治者比主教能更好地保護信徒。」[34]由此可見，兩類法律帶來的懲罰不同，違反神法，在現世不會對其懲罰，而是在死後才有懲罰；人法不能違背神法，但並不是源自神法，任何涉及現世懲罰的規則都屬人法。正如尤爾特・路易斯（Ewart Lewis）總結：「儘管神法依舊存在，人法或許是在這個世界上唯一名副其實的法律。」[35]

三　立法權在民（人民立法者）

馬西利烏斯參照亞里士多德的共同利益標準，以及政體需要國民意志體現或者同意，認為沒有一種政體可以宣稱他們為了共同利益而存在除非是人民的同意：「這兩種標準從邪惡統治中分離出來，亞里

30　Ibid, I, vi, 4, p.34.

31　Ibid, II,viii,5, p.212.

32　Ibid, II, xii, 3, p.250.

33　Ibid, II, vi, 6, p.197.

34　Ibid, II, xxviii, 15, p.497.

35　Ewart Lewis, "The 'Positivism' of Marsiglio of Padua," *Speculum*, Vol.38, No.4 (1963), p.542.

士多德的明確陳述了這一點；簡要說這是人民的同意。」[36]馬西利烏斯在陳述立法者（legislator）的時候，與「共和政體」（polity）包含的因素類似，所有人民都是立法者的一部分，為了人民同意的共同利益。在貴族政體中，榮耀階層統治；在共和政體中「每個人都會以某種方式參與統治或者給予諮詢建議，根據他們的階層和能力或條件。」[37]

馬西利烏斯明確指出立法權在民：「根據真理和亞里士多德《政治學》第三卷六節的陳述，立法者，或者說法律的第一合適有效的來源是人民，或者人民團體，或者人民中重要的部分（*valentior pars, greater/weightier part*），通過選舉或人民團體的要求表達，在世俗懲罰下的民事行為何為可實行何為不可行。『人民中的重要部分』，即考慮了人民團體中的數量和質量的這部分人民，通過他們制定了法律……根據第一立法者的權威。」[38]在下一章節，馬西利烏斯闡釋了更加模糊的術語：「我所稱謂的人民，根據亞里士多德的《政治學》第三卷一章、三章和七章，參與人民共同體，根據人民的階層執行統治、諮詢或審判職能。年幼者、奴僕、外國人、婦女都不屬人民……人民的兒子為人民，只要到達一定的年紀。但是人民中的重要部分要根據政體令人尊敬的習俗，或者依據亞里士多德《政治學》六卷二章的陳述。」[39]馬西利烏斯有關重要部分的闡述參考亞里士多德《政治學》六卷二章，亞氏論述了民主政體的情況及如何建立。亞氏的解決方式雖然模糊，但有一點明確：亞氏希望給予上層階級更多權力，防止平民（*vulgus*）專權與壓迫。這種觀點表明重要的多數比單純數量的多

---

36 Marisilius of Padua, *The Defender of the Peace*, trans. by Annabel Breet, Cambridge: Cambridge University Press, 2005, I, ix, 5, p.47.
37 Ibid, I, xiii, 3, pp.41-42.
38 Ibid, I, xii, 3, pp.66-67.
39 Ibid, I, xii, 4, pp.67-68.

數更為公正合理，數量的多數反應的是僅僅是窮苦階級的觀點。可以推斷這種質量數量的觀點，與馬西利烏斯觀念中的重要部分一致。[40]

馬西利烏斯認為任何人民都可以制定法律，但是智慧的人會做得更好，他們更有閒暇時間，「技工要全身心的工作才能滿足生活需求。」[41]但是，馬西利烏斯不認為重要部分等同於同意貴族代替整個人民群體，他繼續闡明多數比少數（君主和貴族）更有能力制定法律。[42]馬西利烏斯使用重要的部分指代人民的大部分，他們希望良好的政府和法律，他通過引用亞里士多德闡述：「通過自然，因此所有人都有建立人民共同體的動力。……城市中的那部分希望政體持久的人肯定比不希望的重要……那些不希望國家長久的人存在於奴僕中，而不是人民中……如果大部分人民希望國家長久，他們也希望得知沒有哪些政體不會持久……因此大部分人民希望法律，否則自然和藝術中就會出現缺陷……」[43]馬西利烏斯認為人民的集合體（prevailing/weighter multitude）和人民的重要部分，意思相同，[44]多數人民一般不會是邪惡的或者沒有辨別力；所有或者大部分人民神志清醒，能夠理性思考；每個人都可以判定法案。因此，似乎毫無爭議的推斷重要部分包括大多數人民，這一包含所有成年自由男性的群體。[45]「『所有的整體都優於部分』，這一論斷基於對數量、質量以及德性實踐的考慮是正確的。所以人民的團體是必要的，或者人民的重要部分，這一能分

---

40 Mary Alice Butts, *The Political Doctrines of Augustine of Hippo and Marsilius of Padua: A comparison*, Ph.D. Dissertation, University of Toronto, 1974, p.89.
41 Marisilius of Padua, *The Defender of the Peace*, trans. by Annabel Breet, Cambridge: Cambridge University Press, 2005, I, xii, 2, p.66.
42 Ibid, I, xii, 5, p.68.
43 Ibid, I, xiii, 2, p.74.
44 Ibid, I, xiii, 2, p.74.
45 Ibid, I, xiii, 3, p.75.

辨哪些要選出哪些要拒絕的團體同樣是必要的。」[46]馬西利烏斯認為國家的統治者沒有權力制定法律。統治者只能保護法律，因此法律高於君主或者國家的統治機構，「創立法律是必要的，如果政體在民眾正義和利益方面達到最優。」[47]馬西利烏斯在沒有直接支持皇帝反對教皇時，指出人民整體的概念更值得信任和有能力，比其他團體更適於統治和制定法律。[48]這表明最好的情況是立法者直接統治，或至少是積極監管整個國家。[49]馬西利烏斯的統治者在法律之下、受法律限制的觀念，體現了憲政體制中的法律至上。

馬西利烏斯的 *regnum* 需要民法（人法）來維繫。這類法律來自於所有人民的決定，他們為整個國家有機體的和平而做出這種決定，所有人民聚集一起可以得知何為對國家最好的，「在政體中制定（法律）是必要的，如果沒有（法律）民事裁判不可能完全的公正。」[50]這種法律是非常必要的：「人們聚集在一起，會出現辯論或爭執，如果不是由正義的標準去規範，會導致人們爭鬥分裂，最終會摧毀國家，因此需要一種正義的標準，一個守護人或制定人。」[51]正義原則的守護人和制定人是全體人民，一旦確立就會盛行。所有案件的審判「需要由法律決定，根據法律宣判。」[52]而不是「相信法官的任意裁決，法官有可能是邪惡的。」[53]

---

46 Ibid, II, xiii, 2, p.74.
47 Ibid, I, xi, 1, p.56.
48 Ibid, I, xii, 5, pp.68-69.
49 James M. Blythe, *Ideal Government and the Mixed Constitution in the Middle Ages*, Princeton, N. J: Princeton University Press, 1992, p.201.
50 Marisilius of Padua, *The Defender of the Peace*, trans. by Annabel Breet, Cambridge: Cambridge University Press, 2005, I, xi, 1, p.56.
51 Ibid, I, iv, 4, p.20.
52 Ibid, I, xi, 1, p.57.
53 Ibid, I, xi, 6, p.63.

馬西利烏斯要求基督徒同樣要遵守人類法律，因為基督給出「普遍性的命令要求遵守人類法」[54]。在神法和人法的衝突方面，馬西利烏斯明確表示人類法違反神法時不需要遵守。「（基督）對人法的要求命令是理所當然的，他要求所有的統治者的統治靈魂遵守，服從與其一致的，至少是那些沒有反對永恆救贖的法律」[55]馬西利烏斯說道一些附加條件，對民法的服從應該是在法律「在語句或行動上沒有違反神法」。[56]對民法的服從，在現世生活中與對國家的維護或者對充足生活的獲得等同的唯一結局。基督徒對國家的維護會有另一個結局。但這並不意味著可以減少遵守法律；相反，他比有更高的動機去遵守法律，即使非基督徒忽略了遵守一些法律，他們也要去遵守。在對待異教徒的問題，強制性來自馬西利烏斯國家中的人民制定的法律，「我們不希望說強制異教徒或無信仰者是不適當的，但是這種權威，如果這樣做合法，只能是人類立法者。」[57]「強制性權力不屬任何教士或主教，這些人和其他人一樣要服從世俗審判。」[58]

總之，馬西利烏斯的 *regnum* 及其人法獨立於其他法律。國家依靠法律生存，這些法律是可實施的戒律，因為人民制定使其得以實施。法律是由人民制定而不是給予人民。人民的首要職責是制定法律。法律是人民在國家裡生活的一種手段。馬西利烏斯的意思是所有的人民制定法律，法律自然是公正的，人民共同制定一定知道什麼是正義的。馬西利烏斯的立法權在民的觀點體現了人民主權思想，正如詹姆斯‧M‧布萊斯（James M. Blythe）分析：「馬西利烏斯將立法者與亞氏的

54　Ibid, II, ix, 11, p.229.

55　Ibid, II, ix, 9, p.228.

56　Ibid, II, xxvi,13, p.461.

57　Ibid, II, v, 7, p.187.

58　Ibid, II, v, 7, p.187.

政體（polity）等同，在這種政體裡，人民普遍參與，不同的階層沒有單純從數量比例上來看，而是從平衡和不同利益兩方面保證合適的代表。政體（polity）在馬西利烏斯裡的術語裡，是一種混合的憲政，綜合了先七十五年的觀點。每個人都參與，各階層保持平衡和互相制約，但是另一方面，人民是積極的（positive）⋯⋯馬西利烏斯認為最低限度的德性需要參與，他堅信成年自由男性都能滿足這一條件。所以最佳政府和普通政府時空方面沒有差別。最佳政府的特殊形式要服從當地習俗和傳統，但是各地人民都有分享政治使命能力。只要符合人民意志的政府都是有效的。立法者可以隨時廢除任何形式的統治者權力，現存政府可以闡釋為世俗的統治和有限的立法者。」[59]

第二節　有機體論

有機體論（Body Politic/Organic Metaphor/Animate Organism）是《和平的保衛者》中最重要的政治理論之一，西方學界對此早有關注，研究成果比較豐富。但將醫學理論和有機體政治理論一起關注的相對較少，因為儘管馬西利烏斯一生和醫學緊密關聯，但他幾乎沒有引用當時的醫學權威的著作，比如阿維森納（Avicenna, c. 980-1037）和他的老師阿巴諾的彼得（Peter of Abano/Pietro d'Abano, c.1257-1316）等人的醫學理論，僅引用了一次羅馬醫學家蓋倫（Aelius Galenus/Claudius Galenus/Galen, 129-c.210）的《論動物的起源》（On the Genesis of an Animal, *De foetuum formatione*）[60]，所以很少有學者考查醫學知識對他

---

59 James M. Blythe, *Ideal Government and the Mixed Constitution in the Middle Ages*, Princeton, N. J: Princeton University Press, 1992, p.202.

60 Marisilius of Padua, *The Defender of the Peace*, trans. by Annabel Breet, Cambridge: Cambridge University Press, 2005, I, xv, 5, p.91.

著作的影響。西方學者關注他的醫學與政治學理論聯繫的代表文章主要有以下幾篇：亞歷山大・艾切萊（Alexander Aichele）的《國家的心臟和靈魂：亞里士多德本體論及帕多瓦的馬西利烏斯〈和平的保衛者〉的中世紀醫學理論的一些評論》，探討了亞里士多德對國家和動物類比的運用，以及對馬西利烏斯有機體類比的影響，展示了中世紀有機體理論的發展脈絡。[61]崇史隆（Takashi Shogimen）的《馬西利烏斯〈和平的保衛者〉的醫學和有機體論》，分析了醫學隱喻的含義和政治理論的醫學化，重點闡述心臟這一器官在國家有機體中的類比。[62]弗洛里亞諾・喬納斯・凱撒（Floriano Jonas Cesar）[63]、約瑟夫・坎寧（Joseph Canning）[64]等學者曾提及馬西利烏斯對醫學語言的使用。在國內學界，張雲秋[65]很早就關注了馬西利烏斯的政治思想，此後，黃頌[66]、曹芳芳[67]、楊蒙[68]等都論述了馬西利烏斯的政治觀點，但尚未有

---

[61] Alexander Aichele, "Heart and Soul of the State: Some Remarks Concerning Aristotelian Ontology and Medieval Theory of Medicine in Marsilius of Padua's *Defensor Parcis*," in Gerson Moreno-Riaño, ed., *The World of Marsilius of Padua*, Turnhout: Brepols Publishers, 2006, pp.163-186.

[62] Takashi Shogimen, "Medicine and the Body Politic in Marsilius of Padua's *Defensor Pacis*," in Gerson Moreno-Riaño and Cary J. Nederman, eds., *A Companion to Marsilius of Padua*, Leiden: Brill, 2012, pp.71-115.

[63] Floriano Jonas Cesar, "Divine and Human Writings in Marsilius of Padua's *Defernsor Parcis*: Expression of Truth," in Gerson Moreno-Riaño, ed., *The World of Marsilius of Padua*, Turnhout: Brepols Publishers, 2006, pp.109-123.

[64] Joseph Canning, "Power and Powerlessness in the Political Thought of Marsilius of Padua," in Gerson Moreno-Riaño, ed., *The World of Marsilius of Padua*, Turnhout: Brepols Publishers, 2006, pp.211-225.

[65] 張雲秋：〈馬西留政治思想初探〉，《世界歷史》第4期（1987年），頁68-76、124。

[66] 黃頌：〈馬西略政治思想綜述〉，《昌濰師專學報》第6期（2000年），頁60-64。

[67] 曹芳芳：〈馬西略主權在民說述論〉（天津市：天津師範大學碩士學位論文，2010年）。

[68] 楊蒙：〈和平的保衛者——淺議馬西利烏斯的反教權觀念〉，《前沿》第18期（2013年），頁159-160。

論文闡述馬西利烏斯的有機體論與醫學的關係。

　　中世紀思想家對醫學的興趣，與醫學在中世紀盛期興盛，並且再次成為大學教育的專業學科有關。這一時期西歐經濟復蘇，貿易興盛，城市增加，這些因素都促進了醫療服務和醫學專業化的發展；伊斯蘭學者和醫生保存並提高了古典醫學技術，直到文藝復興時期，阿拉伯醫學水平都遠超西歐，大量的阿拉伯語版本的古希臘哲學和醫學著作被翻譯為拉丁文，這樣，由於伊斯蘭文化與西歐拉丁文化的相互作用，促進了西歐古典哲學和醫學的復興。[69]換言之，阿拉伯醫學與西歐文化的相互影響，促使中世紀盛期的西歐醫學迅速發展。十三世紀初期，醫學成為大學教學的專業學科，巴黎（Paris），蒙彼利埃（Montpellier），博洛尼亞（Bologna）和帕多瓦（Padua）等地的大學成為醫學學習中心。[70]至此，古典醫學復興後，中世紀醫學和古典醫學理論上大致相似，生理學和病理學的基本要素依舊是四體液說。[71]這是蓋倫在吸收希波克拉底（Hippocrates of Kos, c.460-c.370 BC）的四體液說基礎上，做出相應發展的學說。[72]

　　值得注意的是，中世紀和古典時期醫學理論的一個最大的不同點，即中世紀醫生對解剖學非常感興趣，解剖學得到前所未有的重視，一開始動物解剖被用作教學和學習的工具，後來出現少數人類屍體的解剖，同時外科手術得到逐步發展與提高。[73]解剖學和外科手術

69　Jeffery Zavadil, *Anatomy of the Body Politic: Organic Metaphors in Ancient and Medieval Political Thought*, Ph.D. Dissertation, Arizona State University, 2006, p.270.

70　Irvine Loudon, ed., *Western Medicine: An Illustrated History*, Oxford: Oxford University Press, 1997, pp.58-59.

71　Ibid, p.59.

72　〔美〕洛伊斯·N·瑪格納著，劉學禮主譯：《醫學史》（上海市：上海人民出版社，2009年），頁107。

73　Irvine Loudon, ed., *Western Medicine: An Illustrated History*, p.63.

的發展應更多地歸功於教皇教廷的倡導。十三世紀以前，教廷記錄上沒有對醫生的記載；進入十三世紀，教皇熱切接受了醫學，比如英諾森三世（Pope Innocent III, 1160/1161-1216, 1198-1216年任職）是第一位有專職醫生的教皇，卜尼法斯八世（Pope Boniface VIII, c.1230-1303, 1294-1303年任職）教廷中聚集了當時的幾位名醫。[74]教廷醫生為教皇提供科學的醫療，延長教皇生命，所以十三世紀以後的教廷不僅有神學家和法學家，還有醫學家，這樣教廷和大學一樣，都成為知識交流的良好場所，可見大學不是唯一的醫學中心。因此，不是醫學專家的學者，同樣能夠獲得更多的醫學知識；醫學家除學習醫學外，也學習過其他方面的知識，比如亞里士多德道德哲學，在亞氏《政治學》（Politics, *Politica*）等著作復興之前就已經成為大學的基礎課程，十三世紀後，《政治學》等著述廣泛傳播，更是影響巨大，因此醫生在進行專業訓練之前已經熟悉亞里士多德的觀點。在這種知識氛圍和社會環境中，醫生參與政治理論的探討和政治思想家對醫學感興趣都是常見的現象。馬西利烏斯並不是唯一一位有醫學背景的政治哲學家。大阿爾伯特（Albetus Magnus, c.1200-1280）、羅馬的賈爾斯（Giles of Rome, c.1243-1316）、阿德蒙特的恩格爾貝特（Engelbert of Admont, c.1250-1331）以及庫薩的尼古拉（Nicholas of Cusa, 1401-1464）等政治思想家都寫過有關醫學概念的文章。[75]可見，中世紀醫學和政治思想是有密切關係的。在《和平的保衛者》第一卷，馬西利烏斯就以醫學知識為基礎，用自己的術語討論政治觀點，沒有涉及基督教這一精神權威。並不能說馬西利烏斯所有的醫學比喻都牢牢地植根於醫學知

---

[74] Takashi Shogimen, "Medicine and the Body Politic in Marsilius of Padua's *Defensor Pacis*," in Gerson Moreno-Riaño and Cary J. Nederman, eds., *A Companion to Marsilius of Padua*, Leiden: Brill, 2012, p.76.

[75] Ibid, p.73.

識，但也不能輕易忽視這種隱喻或者修飾性語言。在《和平的保衛者》中的政治概念不僅僅是神學、哲學和法律的相互作用，人類身體這一醫學概念的心理意像參與了這一進程，可見馬西利烏斯的政治思想比傳統更有創造力。

一　有機體論內容

馬西利烏斯在《和平的保衛者》第一卷二章中指出：「根據自然，動物的最佳狀態是健康，相似的，根據理性，國家的最佳狀態是安寧。現在健康——如更多的專業醫生描述——是動物的最佳狀態，每個部位根據自然能發揮最好的作用。如果我們根據這種類比，安寧將是一個城市或國家的最佳狀態，根據理性和建立方式，屬其中的各個部分都能完美地各司其職。」[76]馬西利烏斯將國家比作「動物身體」，是為了定義安寧（tranquility, *tranquillitatem*）。安寧是馬西利烏斯政治理論中的關鍵概念，他認為國家目標是實現人的「富足的生活」。由此可見，馬西利烏斯的有機體隱喻：根據自然，健康是動物的最佳境況，與之類比，根據理性，安寧是一個國家或城市的最佳狀態。在古典時代，健康用來描述政治德性，如智慧，節制，勇氣和正義，基督教作者依舊用健康形容基督教德性，如希望，信仰和寬容，而馬西利烏斯以此來闡述整個國家有機體的和平安寧。[77]

馬西利烏斯接著論述：「不安寧是一個城市或國家不好的狀態

---

[76] Marisilius of Padua, *The Defender of the Peace*, trans.by Annabel Breet, Cambridge: Cambridge University Press, 2005, I, ii, 3, pp.12-13.

[77] Jeffery Zavadil, *Anatomy of the Body Politic: Organic Metaphors in Ancient and Medieval Political Thought*, p.313.

（正如生病的動物），每一部分都沒有盡到自己的職責。」[78]如果沒有安寧，國家就會被稱為生病。[79]所以馬西利烏斯從一個醫生而不是哲學家的角度講述政治理論。哲學和醫學的不同在於，哲學試圖揭示特定實體的真相，比如它的本質具有普遍性，不可改變性和可理解性等；醫學關注個體的特定狀態，這種狀態受周邊環境影響，環境變化可能會導致實體的表現不同，這是醫生關注這些實體的原因。[80]

馬西利烏斯在《和平的保衛者》第一卷十五章具體描述了國家有機體：「為了描述這一類比，使國家各部分的有效決定因素更清晰，我們運用亞里士多德的《論動物部分》（On the Parts of Animals, De Partibus Animalium）第十六章，蓋倫的《論動物的起源》以及更專業的繼任者的著作。通過一定的原則或者動機——或是事務的一種完整形式，或是單獨形式，或是其他創造動物及其部位的能力——第一次在時間和自然上形成動物特別的有機部分，在這一部分中，有自然德性或者力量，與一定熱量一起作為積極原則；這種力量和熱量是形成以及區別動物中已有部分的積極因素。這種第一個形成的部分是心臟或者其他類似行政的部分，正如上文提及的亞里士多德及其他專業哲學家所說，我們應該相信他們，因為他們在這個領域非常專業，我們可以沒有證明地說，這不屬我們當前的探求。現在人類第一個形成的部位，在品質品格方面比動物的其他部位更加高貴和完美。自然德性

---

78 Marisilius of Padua, *The Defender of the Peace*, trans.by Annabel Breet, Cambridge: Cambridge University Press, 2005, I, ii, 3, p.13.

79 Cary J. Nederman, *Community and Consent: the Secular Political Theory of Marsiglio of Padua's "Defensor Pacis,"* Lanham, MD: Rowman & Littlefield, 1994, pp.132-133.

80 Alexander Aichele, "Heart and Soul of the State: Some Remarks Concerning Aristotelian Ontology and Medieval Theory of Medicine in Marsilius of Padua's *Defensor Parcis*," in Gerson Moreno-Riaño, ed., *The World of Marsilius of Padua*, Turnhout: Brepols Publishers, 2006, p.177.

使動物形成了各部位，通過這種恰當的形式，各部位相互分離、相互區別、安排有序並且相互尊重，同時又保留自己的特色；通過此它們免受到目前為止自然允許的傷害，如果它們因疾病或其他阻礙而有過失，它們會通過本部位的德性修復。國家根據人類理性恰當地確立，這點需要用類比的方式考慮。人民或者重要部分的身體的靈魂，首先確立或者應該確立的是類同於心臟的部位。在這部分中，人民整個身體的靈魂擁有一定的德性、形式或者建立國家剩餘部分的積極力量或者權威。這一部分是政府（君主），它的德性，有普遍的因果聯繫，即為法律；它的積極力量為依據公共正義和利益審判、命令和判決的權威。」[81]由此可見，馬西利烏斯更像是作為一名醫生，對心臟進行了獨特描述，「自然德性或力量以及溫度」是形成動物不同部位的決定性因素，心臟以及類同心臟的部位」在品質品格方面比動物的其他部位更加高貴和完美。」一部分「和心臟類同」，是政府或君主政治（*principatus*），形成於「人民或者重要部分的身體的靈魂」，其中包括「一定的德性或有積極力量或權威的形式」，他們建立了政治共同體的其他部分。政府的「德性」是法律，「積極力量」是審判命令公正判決的「權威」。因此，「君主政治的權威授權一個特別的人這就等同於心臟的心臟。」[82]

對於政府的「德性」法律，馬西利烏斯用了很多篇幅闡述，馬西利烏斯認為國家要受到法律的管理，構建適度政府是最好的。[83]換言之，他認為一個有序的國家的其中一個特徵是有一個絕對的君主統治

---

81 Marisilius of Padua, *The Defender of the Peace*, trans. by Annabel Breet, Cambridge: Cambridge University Press, 2005, I, xv, 5, 6, pp.91-92.

82 Ibid, I, xv, 7, p.93.

83 Francesco Maiolo, *Medieval Sovereignty: Marsilius of Padua and Bartolus of Saxoferrato: A Study on the Medieval Origin of the Idea of Popular Sovereignty*, Maastricht: Maastricht University, 2007, p.208.

一切（適度君主政體），他強調一個城市或王國只能有一個政府，如果因為地理原因有多個政府，那麼必須有一個最高的，它能夠改正其他政府的錯誤。這種統治者或者統治機構要與人民制定的法律一致。

當馬西利烏斯探求君主是否通過審判程序或者強制權力改正錯誤時，再次運用了心臟的隱喻：「因為心臟沒有採用與自然德性和溫度相反的行動，它總是自然地表現合適地行動。正因為此，心臟通過這樣的方式影響或者調節控制著動物的其他部位，其他部位自己沒有控制能力，他們也互不影響。但是，作為人類的君主，他有智慧和欲望，有可能遵循錯誤的觀念或私欲，做違背法律的事情。正是因為這一原因，君主的行動，要服從可以控制調節他的權威……」[84]這段話顯示馬西利烏斯認為心臟的功用在每個方面都無法和君主的角色相提並論。心臟沒有可依賴的，因此也不能被其他的器官糾正，它的功用從未違反自己的自然德性，人類的君主可以被糾正，如果他的行動違反了法律，就由有機體中的其他擁有權威的成員糾正。顯而易見，馬西利烏斯對心臟的比喻是有限制的。

馬西利烏斯將心臟作為重要部位的比喻並不是第一個。如前所述，索爾茲伯里的約翰，將頭部比作君主，心臟是議會，追其源頭可以從《聖經》中找到。教會被認為是基督的身體，基督被認為是身體（教會）的頭部的觀點在中世紀教會中非常流行。學者通常認為頭部與靈魂一樣重要，因為頭部是管理身體的最重要部分，比如約翰·威克里夫（John Wycliffe, c.1320-1384），皮埃爾·埃利（Pierre d'Ailly, 1351-1420），讓·格爾森（Jean Gerson, 1363-1428）等都持有這種觀點。另一種觀點認為心臟是最重要部位，比如托馬斯·阿奎那（Thomas Aquinas, 1225-1274）、羅馬的賈爾斯等，阿奎那將基督比作心臟，賈

---

84 Marisilius of Padua, *The Defender of the Peace*, trans. by Annabel Breet, Cambridge: Cambridge University Press, 2005, I, xviii, 2, 3, p.124.

爾斯將國家的分配正義比作心臟。[85]馬西利烏斯也認為最重要的部位是心臟。

中世紀時期，關於人身體中最重要的器官是頭部還是心臟存在爭議，這是當時醫學領域最熱門的爭論之一。關於這一問題的討論又可以追溯到古典時代。柏拉圖在《蒂邁歐篇》（*Timaeus*）中認為頭部是最重要的部位：「頭顱，乃身體的最神聖的部分，作為統治者。」他認為大腦是感覺和運動體系的中心。他描述頭部為「相較於其他，我們諸神造好頭後便把整個身體都置於它支配之下，使它擁有各種運動。為了使頭顱不至於在坑坑窪窪的地上打滾，或遇到高坡而無法逾越，等等，他們便讓它有身體，使之移動方便。」[86]心臟則是「血管的彙集點，也是血的源泉，湧流周身至各部位。他們把它置放於衛士室……」[87]可見在柏拉圖認為頭部最重要，而心臟是相對次要的部位。

亞里士多德則強調心臟的優勢地位，他認為：「這些血管必然擁有一個本原或源泉，這個本原即為心臟。顯然，血管發源於心臟，但並不穿越心臟；另外，心臟是同種的，在本性上與血管相同。心臟處於支配主導作用的第一位置上。它位於軀體的中心，不是下部而是上部，不是後面而是前面。自然總是把比較高貴的位置賜予比較高貴的部分，除非有更重要的東西阻止它這樣做。這點對人來說是最明顯的，即使在其他動物那裡心臟也趨於相似的位置，居於肌體的必需部分的中心。」[88]心臟還是胎兒形成的第一個器官：「胚胎一經形成，此

---

85 Takashi Shogimen, "Medicine and the Body Politic in Marsilius of Padua's *Defensor Pacis*," in Gerson Moreno-Riaño and Cary J. Nederman, eds., *A Companion to Marsilius of Padua*, Leiden: Brill, 2012, pp.98-100.
86 〔古希臘〕柏拉圖著，謝文鬱譯注：《蒂邁歐篇》（上海市：上海人民出版社，2003年），頁41。
87 同前註，頁70。
88 苗力田主編：《亞里士多德全集》（第五卷）（北京市：中國人民大學出版社，1997年），頁76-77。

乃有血動物的本性的本原。……所有血管都發源於心臟。」[89]而對頭部的看法，亞里士多德指出：「有人認為血管的始點在頭部，這是錯誤的看法。因為首先，按他們的看法就會有許多血管的源泉散佈其上；其次，這些源泉就會被置於冷的位置，但十分明顯，血管的源泉是不勝寒冷的，相反，心臟區域是熱的。」[90]心臟被認為是身體中最熱的部位，為全身提供最重要的熱量，顯然，亞里士多德把頭部置於功能次要的位置，強調心臟的重要。並不能說馬西利烏斯所有的醫學比喻都牢牢地植根於醫學知識；但也不能輕易忽視這種比喻或者裝飾性語言。心臟和complexion理論的隱喻顯然展示了馬西利烏斯在政治理論中醫學語言的發展。在《和平的保衛者》裡的政治概念不僅僅是神學、哲學和法律的相互作用。人類身體這一醫學概念的心理意像參與了這一進程。馬西利烏斯的政治思想比傳統更有創造力。

中世紀的醫學權威羅馬醫學家蓋倫又有不同的觀點：「在人體內，空氣是吸入的宇宙之氣，它受到體內三個基本器官肝、心、腦固有功能的調節並由靜脈、動脈和神經三種管道分配。……空氣受肝臟調節，所以它是營養的靈魂或自然的靈氣，具有支持生長和營養的植物性功能，這一營養的靈魂受靜脈所支配。心臟和動脈負責維持、分配內部的熱量、空氣或重要的靈氣，以使身體各部分溫暖和活躍。第三個適應性發生在大腦，大腦產生感覺和肌肉運動所需的動物靈氣並受神經所支配。」[91]馬西利烏斯的隱喻性語言將最重要的權威政府比作類同心臟的部位，而不是頭部，可以看出他遵循的是亞里士多德的觀點。

這種類比，反映了馬西利烏斯反對教權的觀念。心臟與世俗政府

---

[89] 同前註，頁78。
[90] 同前註，頁77。
[91] 〔美〕洛伊斯・N・瑪格納著，劉學禮主譯：《醫學史》（上海市：上海人民出版社，2009年），頁105。

類比暗示了教會不是共同體中的統治部分，他認為教會和其他部分如農業、軍事、商業部分一樣都是共同體的一部分，如果人民想在現世和來世生活美滿，宗教部分是必要的，宗教能夠激發德性行為，使得公眾生活富足，在來世也會幸福。[92]馬西利烏斯在《和平的保衛者》第二卷七章中對教士做了類比：「假設掌管身體健康的醫生（有權為法官或人類立法者教授和實踐醫學技術）宣稱，有關未來的健康或者死亡之類的事，可以根據醫學在人民中進行審判，人們會因這種過分的行為受到威脅。……同樣通過類比，靈魂的醫師教士、審判官和勸解者，關注靈魂的永恆健康、永久死亡或者未來的世俗懲罰。但是他們在現世生活中不能也沒有這種強制性權力……所以基督稱自己為醫生而不是統治者。」[93]可見，馬西利烏斯強調宗教和教會在人們生活道德方面的作用，而世俗政府擁有審判、命令和執行判決的強制權力。他的概念性隱喻，自然身體的心臟是有機體的政府，只能說明共同體中唯一的最高權威是世俗政府。這一觀點還可從他將腐敗的教會政府類比為醜陋的怪物看出。馬西利烏斯認為：「（教會）被羅馬教皇所允許的行動，擁有很多權力，他們受到影響——如果允許這麼說的話——腐敗了整個基督身體。」[94]「但是我們現在開始講述這個身體的形式（應該包括秩序和成員的位置），仔細看每個身體會發現是醜陋的怪物。有人會想這樣一個動物的身體，其中的四肢直接與頭部關聯，對相關任務來說這是畸形和無用的嗎？如果一個手指或一隻手直接與頭部關聯，缺少它應有的位置，它將會缺少應有的力量、動作和

---

92 Janet Coleman, *A History of Political Thought from the Middle Ages to the Renaissance*, Oxford: Blackwell Publishers, 2000, p.148.

93 Marisilius of Padua, *The Defender of the Peace*, trans. by Annabel Breet, Cambridge: Cambridge University Press, 2005, II, vii, 4, 5, pp.211-212.

94 Ibid, II, xxiv, 2, p.418.

功能。」[95]顯然，馬西利烏斯認為現在的教會政府，作為神秘的基督身體，是醜陋的怪物，進一步反映了他反對教權的理念。

二 有機體各部位的關係

馬西利烏斯強調各部位即各階層之間相互依賴，相互協作，再一次運用了動物身體的隱喻：「正如亞里士多德《動物的運動》(On the Movement of Animals, *De motu animalium*) 這本書中所說，控制動物行動的主要原則有一個，如果多個相異原則同時控制，動物將會被驅使到對立面行動或者完全不動……這和有秩序的國家一樣，正如本卷十五章所說，和良好的動物在本質上類似。因此，正因為多元原則對動物有害，同樣的觀點可在國家運作中看到。」[96]所以，有不同職責的各部分必須融入到公共的政體中，相互協作，各司其職，並且處在最高部分的統治之下。

馬西利烏斯的醫學隱喻強調有機體中的各部分協同合作的觀點，並不是其獨創，索爾茲伯里的約翰有機體論也強調合作。但馬西利烏斯與約翰有明顯的區別：約翰的隱喻明確指出身體各部位頭部、眼睛、舌頭、胳膊、胃、足等相當於社會的哪一階層，而馬西利烏斯只是模糊的指出各部位（parts），他只是從細節上闡述不同部位為了滿足人類不同需求的不同職責，而沒有對應人類或者動物身體的不同部位。他將源於人類心靈功能的人類行為分成兩部分：有營養的部分和認知食欲部分：「人類行為及其接收者，一些是在我們知識範圍外的自然結果：比如一些因素的衝突本性，因為他們混合在一起，組成了

---

95 Marisilius of Padua, *The Defender of the Peace*, trans. by Annabel Breet, Cambridge: Cambridge University Press, 2005, II, xxiv, 12, p.425.

96 Ibid, I, xvii, 8, pp.118-119.

我們的身體。我們可以恰當地確定這類有營養部分的行為⋯⋯這種類別是可以被人類身體吸收的替代品，比如食物，水，藥品，毒藥之類。還有其他的行為及其接收者，這些是由於認知和食欲，來自於人們或發生在人們自身的行為。其中一些是人們「內在固有的」⋯⋯其他一些被稱作『可傳遞的』。⋯⋯為了調和保護靈魂中有營養部分的行動——如果停止，動物作為獨立的個體和一個物種，將會腐爛——需要設置農業和畜牧業。」[97]因此食物的生產和獲得成為身體政治的一個功能性部分。同時，「為了調節受周圍因素影響的人類行為及其接收者，人們發明了技工：比如羊毛製造，製革，染色，所有的建造技能⋯⋯」[98]因此，另一個功能性部分是為滿足感覺上的愉悅的製造部分：「根據我們的認知和食欲，國家裡必須有特殊部分或者機構⋯⋯保證行為正確，達到平等或者和諧。否則，他們會帶來衝突，最終市民分裂，國家毀滅，失去富足生活。」[99]武裝的部分是為了保衛城市免受敵人侵犯，在有衝突時執行法官的判決；必需品和公用品的條款在合適的時機也需要其他部分，這部分稱為「財務部」；最後，為了禮拜上帝和增加公眾生活的德性行為，教會部分建立。[100]

馬西利烏斯不是所有的醫學比喻都植根於醫學知識，但又不能輕易忽視這種隱喻性語言，他的有機體隱喻展示了政治理論中醫學語言的發展。《和平的保衛者》中的政治概念，不僅包含神學、哲學和法律的相互作用，還有人類身體這一醫學概念的心理意像。馬西利烏斯對公共生活的闡述被認為是作為一個醫師職業情感的擴大。[101]正如艾

97　Ibid, I, v, 4, 5, pp.24-25.
98　Ibid, I, v, 6, pp.25-26.
99　Ibid, I, v, 7, p.26.
100　Ibid, I, v, 7, pp.27-29.
101　Takashi Shogimen, "Medicine and the Body Politic in Marsilius of Padua's *Defensor Pacis*," in Gerson Moreno-Riaño and Cary J. Nederman, eds., *A Companion to Marsilius of Padua*, Leiden: Brill, 2012, p.112.

倫‧格沃斯（Alan Gewirth）所說：「他們（那些接受傳統社會有機體學說的人）從道德上解釋生物學，馬西利烏斯將道德和政治一起生物化。」[102]或許說馬西利烏斯將政治學說醫學化更恰當。

馬西利烏斯認為教權至上的觀念是當時社會的弊病，正如醫生要為病人治病，他的政治理論的一個目標就是反對教權。他不僅運用有機體論提出這一政治觀點，而且將其運用到實踐中。馬西利烏斯常年跟隨路易四世身邊，在義大利時作為路易四世的使者，發表反對羅馬教皇的演說。路易四世的很多行為也受到《和平的保衛者》的啟發，在該書第一卷一章第六節中，馬西利烏斯明確指出該書的讀者群，並且特別指出是獻給路易四世的：

> 對給予者的崇敬，對探知真相的熱情，對兄弟和國家持久的愛，對受壓迫者的憐憫同情；呼籲被壓迫者不要犯走旁門歪路的錯誤，激勵那些能防止這種（錯誤）發生的人採取行動；特別是對您，最高貴的路易，神聖羅馬帝國的皇帝，作為上帝的代理人，將為本書做結尾，這是來自外部的希望：您有某些特殊的古代的血緣權利，更不用說您的英雄氣質和閃耀美德，消滅異端的意志，支持保護天主教真理及其他真理原則，消除邪惡宣揚美德，結束各地爭鬥傳播寧靜和平，這些都是根深蒂固確定的。我經過一段時間辛苦勤勉地探索，寫了如下的思想總結，這些總結會對您提供一些幫助，讓大多數人反對上述的那些錯誤及其他意外事件，使得國家凝聚聯合。[103]

---

102 Alan Gewirth, *Marsilius of Padua and Medieval Political Philosophy*, New York: Columbia University Press, 1951, p.51.

103 Marisilius of Padua, *The Defender of the Peace*, Cambridge: Cambridge University Press, 2005, I, i, 6, p.8

在該書啟發下，路易四世認為不經教皇授權只通過人民同意就可以加冕；馬西利烏斯還被路易四世任命為米蘭（Milan）大主教，因而得以利用自己的權力懲罰支持教皇約翰二十二世的教士。[104]雖然馬西利烏斯的有機體論有其局限性，然而其中蘊含的立法權在民、君主權力有限、反對教權至上的思想在當時甚至以後都產生了重要的影響。

---

104 Jeffery Zavadil, *Anatomy of the Body Politic: Organic Metaphors in Ancient and Medieval Political Thought*, p.323.

第五章
克里斯蒂娜・德・皮桑

　　克里斯蒂娜・德・皮桑（Christine de Pizan/Cristina da Pizzano，約1364-約1430）是法國第一位以寫作為生的女性，[1]中世紀第一位攻擊歧視女性傳統的女作家。[2]克里斯蒂娜出生於義大利威尼斯城的鄉村貴族家庭，其父托馬斯・德・克里斯蒂娜（Thomas de Pizan/Tommaso di Benvenuto da Pizzano, ?-1388/1389）時任威尼斯共和國的顧問（counselor）。隨後托馬斯接受了法國國王查理五世（Charles V, 1337-1380, 1364-1380年在位）的邀請，擔任皇家占星師。一三六八年，克里斯蒂娜舉家從威尼斯遷往巴黎。在寬鬆的家庭教育氛圍下，克里斯蒂娜和兩個哥哥一樣接受了包括拉丁語學習在內的良好教育。一三七九年，克里斯蒂娜在父親的安排下嫁給了時任皇家秘書的艾蒂安・德・卡斯特爾（Étienne de Castel, 1356-1390），婚後兩人育有兩個兒子一個女兒。一三八〇年，查理五世去世，年幼的查理六世（Charles VI, 1368-1422, 1381-1422年在位）繼位。克里斯蒂娜一家隨即失去皇室的信任，其父托馬斯收入大幅度減少，聲譽下降，於一三八八或一三八九年病逝。一三九〇年，克里斯蒂娜的丈夫卡斯特爾在法國北部的博韋（Beauvais）出差時，身染瘟疫不幸去世。克里斯蒂娜不得不扛起養家的重任。此後，克里斯蒂娜成為一名宮廷作家，她的作品體裁多樣，包括

1　Charity Cannon Willard, *Christine de Pizan: Her Life and Works*, New York: Persea Books, 1984, p.15.

2　Rosalind Brown-Grant, *Christine de Pizan and the Moral Defence of Women: Reading Beyond Gender*, Cambridge: Cambridge University Press, 1999, p.2.

文學辯論、禮儀手冊、抒情詩以及國王傳記等有四十一部，並被翻譯成多種語言傳播到很多國家，影響甚遠。[3]

十四、十五世紀的法國正值政局動盪時期。一三四八年法國黑死病蔓延，疫情週期性地爆發，人們被疾病奪去了生命，這樣由於人口的減少擾亂了勞動市場，勞動者要求更高的工資，進而影響到在社會的各個層面。教會經歷了「阿維農之囚」（1305-1378），在處理災禍方面的失敗使人們感到不滿。法國又與英國時常發生戰爭（百年戰爭，1337-1453），政府統治不利，社會秩序面臨崩潰的危險。人們譴責統治者和制度權力，破壞了整個國家的平衡，不再僅僅對教會或國王宣誓效忠，而是在共同利益的驅使下聚集在贊助人周圍共同管理。[4]克里斯蒂娜的政治觀念很大程度上來自她那個時代的政治危機，她的作品反映了人們期望和諧的社會環境的需求。同時，女性在這一時期依舊地位低下，而克里斯蒂娜的作品為女性權益辯護，使得女性的聲音加入到中世紀晚期思想文化領域的話語之中。克里斯蒂娜代表性的作品有：《玫瑰傳奇》（*Dit de la Rose*, Debate of the Romance of the Rose），《漫長學習路》（*Le Livre du Chemin de Long Estude*, The Book of the Path of Long Study），《婦女城》（*Le Livre de la Cité des Dames*, The Book of the City of Ladies），《三美德》（*Le Livre des Trois Vertus*, The Treasure of the City of Ladies, or The Book of the Three Virtues），《論軍事和騎士精神》（*Livre des Fais d'armes et de Chevalerie*, The Book of the Deeds of Arms and Chivalry），《論政治有機體》（*Le Livre du Corps de Policie*, The Book of the Body Politic）和《和平書》（*Le*

3　克里斯蒂娜詳細生平見：Nadia Margolis, *An Introduction to Christine de Pizan*, Gainesville: University Press of Florida, 2011, pp.1-26.

4　Erica Piedra, *The Body Politic in Medieval France: Christine de Pizan's Le livre du corps de polici*e, University of Califonia, Ph.D. dissertation, 2006, p.2.

Livre de la Paix, The Book of Peace）等。克里斯蒂娜在這些著作中，以獨特的視角表達了她的理想國家建構，加強王權，削弱教會權威，女性參政等觀念。

第一節　國家有機體論

克里斯蒂娜在《論政治有機體》中使用有機體隱喻闡述了自己的理想國。《論政治有機體》寫於一四〇四年晚期到一四〇七年間，成書後將其獻給查理六世和皇室君主。在《和平書》中，克里斯蒂娜提及《論政治有機體》是為法國王太子吉耶納公爵路易（Louis of Guyenne, 1397-1415）所作，這是為了在政治動盪時期支持法國君主，特別是查理六世。在《論政治有機體》中，克里斯蒂娜明確闡釋了其基本政治觀點，贊同中央集權君主制和嚴格的社會等級分工，認為這會給人民帶來和平穩定以及整個有機體的健康。

正如該書題名所示，本書是在約翰的《論政府原理》的影響下所做。[5] 約翰借希臘哲學家普魯塔克（Plutarch, 46-125）的文集《圖拉真的教導》（Instruction of Trajan, *Institutio Traiani*）闡述了有機體論。這一文集是否真實存在尚有爭議，很多學者認為是不存在的：在約翰之前沒有人引用過《圖拉真的教導》，這一文集也不像是普魯塔克的文章，比如漢斯・利貝許茨（Hans Liebeschütz）認為：「約翰清楚的意識到作為學者的優勢：一個教會政治家強勁的觀點會引發敵意，這是應該避免的，約翰堅稱他只是做了傳播工作……約翰的時代對普魯塔

5　Walter Ullmann, "John of Salisbury's *Policraticus* in the Later Middle Ages," in Herausgegeben von Karl Hauck und Hubert Mordek, eds., *Geschichtsschreibung und geistiges Leben im Mittelalter: Festschrift für Heinz Löwe zum 65.Geburtstag*, Köln; Wien: Böhlau, 1978, p. 529.

克的作品知之甚少……虛構古典著作也是為了增強國家有機體論的權威性。」[6]珍妮特·馬丁（Janet Martin）支持漢斯·利貝許茨的觀點，認為這一文集是約翰自己的創造，他從格利烏斯的作品中瞭解到普魯塔克，與圖拉真的關係是老師與學生的關係，意在提供哲學家指導君主的例子。[7]還有一些學者持相反意見，比如貝利爾·斯莫利（Beryl Smalley）認為：「不是所有（約翰）的引用能找到古代來源；《圖拉真的教導》是他從閱讀中發現並認為是真實的。」[8]迪爾曼·斯特魯維（Tilman Struve）認為這一文集確實存在。[9]從以上學者的爭議中可以瞭解到，不管該文集是否約翰編造，古代羅馬帝國皇帝圖拉真（53-117，98-117年在位）這位非基督徒的君主，成為了約翰隱喻的權威，中世紀後期的但丁（Dante）又將其作為公平正義的化身。[10]

　　克里斯蒂娜引用了這一文集：「根據普魯塔克寫給皇帝圖拉真的一封信中，將政治體比喻成一種有生命的機體，政治體中的三種不同身份階層同屬一個有機體。君主佔據頭部，他們是統治階層，從他們之中衍生出的特定機構，猶如從人的思想中發展出的四肢所做的外部行為。騎士和貴族階層相當於雙手和手臂。正如人的手臂為了勞動應當強壯，（騎士和貴族）有保衛君主和政治體的法律的責任。他們同

6　Hans Liebeschütz, "John of Salisbury and Pseudo-Plutarch," *Journal of the Warburg and Courtauld Institutes*, Vol. 6, 1943, pp.33-39.

7　David Luscome, "John of Salisbury in Recent Scholarship," in Michael Wilks, ed., *The World of John of Salisbury*, Oxford: Basil Blackwell, 1984, pp.32-33.

8　Beryl Smalley, *The Becket Conflict and the Schools: A Study of Intellectuals in Politics*, Oxford: Basil Blackwell, 1973, p.92.

9　Tilman Struve, "The Importance of the Organism in the political theory of John of Salisbury," in Michael Wilks, ed., *The World of John of Salisbury*, Oxford: Basil Blackwell, 1984, pp.305-306.

10　Kate Langdon Forhan, "Polycracy, Obligation, and Revolt: The Body Politic in John of Salisbury and Christine de Pizan", in Margaret Brabant, ed., *Politics, Gender, and Genre: the Political Thought of Christine de Pizan*, Boulder: Westview Press, 1992, p.37.

樣是雙手，因為雙手能夠消除有害之物，他們也要消除一切有害和無用的事物。其它階層的人如同胃部、雙足和雙腿。正如胃部接受了頭部和肢體所準備的一切，君主的行為和君主本人應當為了公眾利益，這一點後面會闡述。正如雙腿和雙足支撐人的身體，勞動者支撐起其他所有等級。」[11]在約翰有機體隱喻的基礎上，克里斯蒂娜形成了自己的有機體論，正如傑弗里・紮瓦迪爾（Jeffery Zavadil）分析：「首先，克里斯蒂娜對偽普魯塔克《圖拉真的教導》的這段引用顯示了她對約翰《論政府原理》的熟知；這並不是支撐這一觀點的唯一證據，克里斯蒂娜還擁有法文版的《論政府原理》，可以在查理五世的圖書館看到。因此，克里斯蒂娜受約翰有機體隱喻的影響。第二，她將平民比作有機體的胃部非常中央，我們將看到這影響了她對古代胃部寓言的解釋。」[12]

在本書的具體資料引用中，瓦列利烏斯・馬克西穆斯（Valerius Maximus, 14-37）《所做的事與記憶的事》（*Facta et dicta memorabilia*, Things done and things said），是作者使用最多的來源。克里斯蒂娜講道：「他（瓦列利烏斯）所給予的主題，通過例子來證明我已有的純粹的意圖，就像我之前說過的，給我們美德和良好生活的勇氣的理由，包括君主，騎士貴族和普通民眾。」[13]引用瓦列利烏斯使得克里斯蒂娜能夠更好的定義君主國家，包括國家和人民的內部差別，符合她本人支持法國君主集權的論點和女性作家的身份，正如艾麗卡・彼得拉（Erica Piedra）分析她選擇瓦列利烏斯而不是約翰作為最重要的資料

---

11 Christine de Pizan, *The Book of the Body Politic*, translated by Kate Langdon Forhan, Cambridge: Cambridge University Press, 1994, p.4.（以下簡稱*B.*）

12 Jeffery Zavadil, *Anatomy of the Body Politic Organic: Organic Metaphors in Ancient and Medieval Political Thought*, Ph.D. Dissertation, Arizona State University, 2006, pp.325-326.

13 *B.*, p.25.

來源原因：「第一，瓦列利烏斯建立了一種民族主義（nationalism），對皇帝或者國家元首的忠誠置於任何其他形式的忠誠之前——這和約翰完全不同，他的忠誠屬教會，他以誅殺暴君論而出名。第二，克里斯蒂娜發現瓦列利烏斯提供了羅馬社會的格言以及道德準則，她可以用此來證實本人關於公民美德的觀點和她作為女性作家的身份。最後，瓦列利烏斯不僅在他的作品中用女性作例證，還肯定了女性的力量和德性（特別是性別美德）。因此他的作品可以看作是對約翰的修正，約翰在論及女性時沒有說好話。」[14]

一 有機體論概述

　　有機體論隱喻反映了生理學觀點對政治理解的影響。十二世紀的約翰認為君主是頭部，君主的顧問類同於心臟部位，因為頭部可以看得更遠，所以君主是在身體中佔據高的地位。克里斯蒂娜同樣認為君主是頭部，因為頭部為其他部位提供思想。因此，君主有合法的權力，為整個國家考慮，理想君主的角色不僅使克里斯蒂娜回想起對查理五世的敬重，還有法國政治理論中無序中有統一的頭部的傳統需求。

　　君主，作為有機體的頭部，對其他部位有至高無上的統治權，指揮其他部位的活動。克里斯蒂娜闡述了君主的德性：「君主的德性有三點，如果做不到，他將不會達到王權的地位，好的聲譽和隨之而來的榮譽。首先也最重要的是，毫無欺詐地熱愛，敬畏和侍奉上帝，應用良好的行動表示而不是用長時間的祈禱代替。另一種德性是，他只能愛善的民眾，為國家和人民謀利益。他所有的能力，權力，和業餘時間的學習應當是這一種，而不是為了他自己的利益。第三，最重要

---

14 Erica Piedra, *The Body Politic in Medieval France: Christine de Pizan's Le livre du corps de polici*e, University of California, Ph.D. dissertation, 2006, p.5.

的是他應該熱愛正義，毫無約束的引導和保護正義，必須對所有人公正。很好地做到這三點，君主將在天國和世俗社會都會贏得榮耀的王權。」[15]克里斯蒂娜認為如果君主尊重宗教傳統，將會極大地提高自己：「但是好的君主保護和遵守這些事情，堅定地認為上帝將會指引，保護和提高他的靈魂與身體。為什麼他不信任活得、至高權威的和正義的上帝；當異教徒堅信神，他們的需求會得到慷慨滿足，因為他們對他們神和偶像的崇敬？」[16]君主有虔誠的信仰，是具有神學德性的表現：「敬愛上帝的好君主將會認真遵守和保護神法以及各類事務中的神聖制度，這是有價值和虔誠的（我不會為簡潔的原因進行討論，也因為人們對無聊的事情興致缺乏）。」[17]慷慨是一種德性，因為是分配公正的形式：「好的君主熱愛普遍的善超越自己應該是自由的，這是非常重要的品質，益處有三；首先對他的靈魂有益（如果他是謹慎的），第二，對他的名聲有利；第三，他將吸引自己的臣民和陌生人的心。毫無疑問，沒有什麼比謹慎的慷慨對君主更有益。」[18]克里斯蒂娜希望所有的君主都能夠根據德性行動，否則她說道：「不能像很多領主和士兵當今所做。當他們征服土地，堡壘，城市或其他地方，當他們進入城市時，就像饑餓的狗一樣，沒有憐憫的大肆屠殺基督徒——羞辱女性，毀滅了一切。哎，當這些人對別人如此殘忍的時候，他的心是怎樣的呢，違背了自然和神法！」[19]克里斯蒂娜的意圖想繼續為君主提供德性建議，但她當時處於不穩定的政治環境中，沒有進一步的提供借鑒，她提到：「如果允許我多說幾句，我還能說很多；但是這些事情的知識不能使邪惡的自我膨脹的長官滿意，他們

15　*B*., p.11.

16　*B*., p.11.

17　*B*., p.15.

18　*B*., p.26.

19　*B*., p.29.

會譴責我。」[20]

　　克里斯蒂娜特別關注君主的教育問題，對君主教育的篇幅占此書的二分之一多，而約翰關注較少，在《邏輯論》中有涉及，《論政府原理》中指出在獲取智慧過程中教育的作用，但是都沒有關注對年輕君主的教育。君主童年時代，應給與簡單的食品、規律的玩耍和工作作息時間：「關於養育君主的問題，有的人認為應該給孩童好酒和好飯，這樣他們就會有更好的血液，結果將是更強壯。這種觀點是錯誤的，因為美味食物比其他食物更容易腐爛，根據亞里士多德所說，他們不會比普通食物更能使人們身體強壯。我們可以從自己的經驗中得出這一觀點，布列塔尼人和諾曼人都是食用普通的食品，沒有精煉他們的飲食，但是他們比其他人更強壯和堅強。」[21]他應該每天聽取彌撒和做禱告，學習文法，拉丁語，邏輯，如果他能展現出任何智力天分，那麼還要學習哲學。君主的老師需要是一位有優良品格的人，擅於在教學過程中採用積極鼓勵的方法，可以作為君主和其他管理者的榜樣。君主成年以後，教師作為家庭的監護人，聰慧有權威的騎士，關注君主的行為和身體健康。他不僅要教授君主如何成為一名騎士（戰爭，領導，武器的技藝），還要教授自我約束和自我控制（早期，聆聽彌賽，晨禱，很好的公眾演講，注意自己的言辭表達）。君主有時應被帶到議會學習有效良好的管理，以及與各種類型的人打交道。當君主成熟到可以統治，克里斯蒂娜強調，他必須熟知自己的封建領主的職責。君主應銘記他的高位是由上帝的恩典而來，必須達到上帝的期待。[22]

---

20 *B.*, p.21.

21 *B.*, p.60.

22 Kate Langdon Forhan, "Polycracy, Obligation, and Revolt: The Body Politic in John of Salisbury and Christine de Pizan," in Margaret Brabant, ed., *Politics, Gender, and Genre: the Political Thought of Christine de Pizan*, Boulder: Westview Press, 1992, p.42.

君主必須接受良好的教育才能有德性,原因在於如果不如此,有機體的頭部就會生病:「為了能夠良好的統治有機體,頭部健康是必要的,即有德性。因為如果頭部生病,整個有機體都會感受到。因此我們開始講道對頭部的藥物,為國王或者君主,因為頭部是工作的開始,所以我們先考慮頭部年紀,即君主的父母對他的童年負有責任。」[23] 克里斯蒂娜在闡述普通民眾時,重複了教育作為藥物的隱喻:「正如謹慎的人因關注自身的健康而會聽取醫生的建議,即使他們沒有得病的症狀,但是他們或許會生活的健康,因有人幫助他們保護身體。與之類似,法國忠誠的民眾習慣性地一直愛戴高貴的、值得讚美的和令人敬畏的君主,他們會感到欣慰。」[24] 克里斯蒂娜還認為君主應當聽取不同人群的建議:「在關於相信智者和聽從他們的建議這一問題上,(亞里士多德的)辯證法(Dialectic)講道每個人都要聽從他們領域的專家。這意味著好的君主應該根據不同事務諮詢不同人群。有關正義的施行和不同重要案件的處置,他不應該從他的士兵和騎士中聽取意見,而應去諮詢這一領域的法官和書記官。有關戰爭領域,不應去諮詢書記官而應諮詢騎士,其他的事務同理。」[25] 由此可見,克里斯蒂娜重視君主道德和政治教育。

克里斯蒂娜的讀者和寫作目的與約翰不同,約翰主要是寫給那些給君主建議的顧問,廷臣,高級教士和行政人員,而此書儘管描述了社會不同的階層,但最主要的受眾還是王室,所以她不希望失信於王室。她對君主的建議小心謹慎,對暴政的批評是隱晦的,沒有像約翰

---

23 *B.*, p.5.
24 *B.*, p.93.
25 *B.*, p.39.

那樣提出誅殺暴君。²⁶在克里斯蒂娜早期的作品中，她批評君主和指出暴政後果的主要可以從她的例證（exempla）中找到，比如借用羅馬作家瓦列利烏斯的論述批評被寵壞的行為：「據說雅典有一位哲學家，他有一套生活方式教導人們應該去做愉悅和身體舒適的事情，其他什麼都不需要做。這種觀點和言語使得高尚的人不滿，他們認為這是無用的，愚蠢的，卑劣的，所有的愉悅，不僅是身體上，還要在靈魂中，如果不去贏得德性，應該被鄙棄。但是對那些人來說這是好的，做的好快樂是他們的獎勵。瓦列利烏斯說這種說法是真實的，一定會出現，因為雅典城是由一大群人統治，學習智慧和德性被愉悅和欲望取代，失去了霸權。羅馬城，只要沉浸於德性，技能征服，戰勝和贏得其它君主……」²⁷克里斯蒂娜繼續闡述了暴政危害警示君主：「讓這些事情成為君主的明鏡，讓他審視自己，其他人也應如此做。我們假設有一種天然傾向的惡習。如果一個人沒有學習如何控制自我，克服惡習，那麼這就是沒有德性的標誌，一個人沒有德性自然沒有榮譽。」²⁸

騎士和貴族階層相當於雙手和雙臂。克里斯蒂娜從馬克西穆斯中借鑒了這一階層應具備的德性：「第一，他們應該非常熱愛武裝和武裝藝術，並且經常聯繫。第二個條件是他們應非常勇敢，並且他們的勇氣持續堅定，從不因害怕死亡而從戰場上逃跑，為君主和保衛國家的安全流血犧牲。否則，他們將因法律審判而受永久的懲罰，並且永遠沒有榮譽。第三，他們應彼此交付真心和沉穩，諮詢同僚以做好事情，應當堅定不變。第四，他們應該誠實，保持忠誠和堅守誓言。第

---

26 Kate Langdon Forhan, "Polycracy, Obligation, and Revolt: The Body Politic in John of Salisbury and Christine de Pizan," in Margaret Brabant, ed., *Politics, Gender, and Genre: the Political Thought of Christine de Pizan*, Boulder: Westview Press, 1992, p. 41.
27 *B.*, p.24.
28 *B.*, p.54.

五，在所有世俗事務中，他們最應熱愛和追求榮譽。第六，他們在對待敵人時，所有的行為中應當聰敏機敏。能夠良好地遵守這些條件的人將會獲得榮譽。」[29]那些缺乏紀律性的嚴重後果顯現：「儘管他們非常熱愛武裝，也遵守騎士原則，即在細微事物上遵守規則，所以他們沒有失敗。那些打破已有規則的人會受到懲罰。瓦列利烏斯說道騎士準則是，保護規則和和適宜的秩序，這是最高的榮耀和羅馬帝國的基礎。此外，他認為他們贏得偉大的勝利，維護國家安全，快樂安康和寧靜，是因為他們很好的遵守了原則。」[30]

在克里斯蒂娜的論述中，民眾是有機體的胃部，雙腿和雙足，而約翰的有機體隱喻中官員和軍隊是雙手，財政管理者是腸胃，強調在現有的階層構成中的團結一致，普通民眾應該接受作為有機體整體一部分的職責。正如雙腿雙足支撐整個身體的重量，所以勞動人民通過工作支撐其他階層：

> 民眾擔任了支撐整個有機體的其餘部分的職責，他們需要力量和能力支撐其他部位。這也是我們之前所說的君主必須愛戴他的臣屬和民眾，貴族機構設置應該指引和保護民眾……君主、貴族和民眾三個階層之間有時會互相抱怨，因為有時在一個階層看來另兩個階層沒有履行自己的職責，這樣就會導致無序，形成一種有偏見的形勢，這裡有一個寓言的道德故事：曾經有一段時間人類身體的胃不和肢體之間有嚴重的分歧。胃部對肢體非常不滿，認為他們沒有照顧和支撐其他部位，這是他們本應做到的。另一方面，肢體對胃部也十分不滿，認為他們因工作而疲憊，除去他們正在進行和將要進行的工作，胃部想要一

---

29 *B.*, pp.63-64.

30 *B.*, p.64.

切,從未感到滿足。肢體因此決定不再忍受這種痛苦和勞動,因為他們所做一切都不能使胃部滿意。所以他們停止了工作,讓胃部自生自滅。這樣肢體停止工作,胃部就沒有了營養供給。所以身體變得消瘦,肢體變得虛弱,各部位彼此怨恨,最後身體死亡。[31]

這裡強調貴族對民眾的責任,如果貴族不關心民眾,有機體將會死亡。克里斯蒂娜認為貴族在戰爭中努力作戰,民眾支持他們。克里斯蒂娜接著論述,正如貴族和民眾不應爭吵,君主不能使民眾負擔過重:「當君主的要求超出民眾所能做的,民眾開始抱怨他們的君主,並且以不服從進行反抗。在這種無序之下,他們共同消亡。因此我們得出結論,(各階層)互惠合作才能保存整個有機體。」[32]由此可見,克里斯蒂娜的有機體中的所有部分都要為了整個共同體的福祉共同合作,互相幫助,各司其職:君主要熱愛和關心所有人,騎士和貴族負責指引保衛,民眾熱愛,敬畏和服從君主。

十五世紀初,中世紀的社會秩序已經比十二世紀的「三等級論」複雜。與約翰的《論政府原理》相比,克里斯蒂娜突破了傳統的騎士,教士和農民三階層的劃分,對各階層的闡述更為翔實。「在人民的共同體中,可以看到三種不同身份的人,特別是在巴黎和其它城市,教士,市民,商人以及普通民眾,如工匠和體力勞動者。」[33]與約翰認為教士階層是靈魂不同,克里斯蒂娜認為教士是屬民眾的一員,這樣更有利於闡述各階層的相互依賴的重要性。一個有良好秩序的王國取決於每一成員履行自己的職責,正如麵包師烘焙麵包,商人

---

31 *B.*, p.91.

32 *B.*, p.91.

33 *B.*, p.95.

經商，教士分發聖餐，國王，即便是一般信徒，也有職責去監管每個成員各司其職，包括教士在內：「（君主）應該要求臣民將上帝所規定的職責做到最好。貴族應當做他們所應做的，教士專注於學習，做禮拜，商人推銷商品，工匠做工藝作品，勞動者耕種，因此每一個人，不管他處於何一階層，應該生活在良好的政策之下，沒有敲詐勒索，所以他們在君主的統治下生活有序，他們愛戴君主……。」[34]

中世紀傳統中教會有至高的地位，教士階層擁有大量的特權，但到15世紀時期，教士的地位下降，特權減少。約翰認為沒有作為靈魂的教士，有機體會死亡。而克里斯蒂娜對教士階層的觀點更加世俗化，重視世俗國家的利益。儘管強調教士作為有機體的一員非常榮耀，但並沒有像靈魂那樣成為至關重要的一環。並且教士不是一個分離獨立的階層，屬民眾，他們的職責就是提供禱告和儀式。君主會尊敬上帝，以及在他的司法管轄範圍內關照教會：「好的君主，作為上帝在世間的代理人，會全心全意地關心教會的財富……如果因為敵人的煽動而產生不和，不管遇到任何困難，他都將帶來和平。他應該仔細檢閱牧師的聖職，他不能保證牧師的薪俸要求，不管他對提要求的個人有多喜歡，除非他知道這人是一個好的審慎的教師，全心侍奉上帝。」[35]「但是有思維主教和教師犯了非常嚴重的民眾可見的錯誤。沒有君主或其他人會譴責他們，但是他們為自己所做請求原諒，通過陳述自己是人類而不是天使，人的本性就有罪。」[36]克里斯蒂娜進一步闡述改正教士錯誤的權威只能是道德，而君主不能控制教士的行為，無法運用道德權威制裁教士的錯誤：「君主應該照顧所有的一切，因為不只是糾正教士的錯誤不是他的職責，更不用說高級教士，

---

[34] *B.*, p.19.

[35] *B.*, p.12.

[36] *B.*, p.13.

一般教士或者牧師能夠足夠優秀到反抗或者抱怨譴責他們罪行的君主？此外，國王或者好的君主照看上帝的廟宇和家園……貴族，商人，和每一等級的人不因在教堂舉行有關世俗事務的集會而羞恥。他們和上帝明晰這裡所做的錯誤的契約。」[37]可見克里斯蒂娜認為君主可以限制或者控制教會，在自己的領域內是執掌聖事的人和管理者，而教會無法限制君主，教士只是普通民眾中的一員。

　　民眾的第二個階層為市民和商人。「中產階層」中的商人，工匠，市民階層，不僅影響經濟生活，而且影響政治生活。這一階層對社會來說是十分重要的，不僅提供財富和商業，滿足普通民眾的正常需求：「商人階層是非常必要的，沒有他們，國王或者君主的產業，甚至城市和國家都不會存在。通過商人勞動的產業，所有階層的人們不用自己親身製造所需品，因為只要他們有錢，商人就會提供給他們必需品，這是他們生活所必需的。……當一個城市有貿易和大量的商人時，這對國家和君主的政策都是十分有益的。」[38]而且在遇到危機時，他們能為民眾代言向君主提建議：「作為城市的一份子，他們需要關注城市形勢和需求。他們應該確保有關商業和人口形勢的各方面治理有方。地位低的民眾，在自己的語言甚至涉及政治方面的行為上，通常沒有非常審慎，所以他們不應干預君主制定的條例。市民和富裕人群必須照顧普通民眾免受傷害，所以他們沒有理由密謀反抗君主或者他的議會。原因是普通民眾的這些陰謀往往反過來傷害一些人，致使他們失去一些東西。結局往往是對他們自己不利。如果有這樣一種情況，普通民眾因一些負擔感到權利受到侵害，商人應該聚集起來，從中選擇一位行動和演講方面最聰明和最謹慎的人，到君主或議會那，為地位地下的人溫和地發聲，不允許他們做導致城市和國家

---

37 *B.*, pp.13-14.

38 *B.*, pp.103-104.

毀滅的事情。……平息人民的不滿，因為邪惡之事可能擴散到全部人。他們要以此約束自己。如果君主的法律和他們的議會有時會出現，根據他們的判斷是錯誤的，他們不能依據不好的信仰闡釋，他們可能會因愚蠢的抱怨而危險，但是應該設想他們所做有良好的動機，儘管原因可能並不明顯。在做事情時保持沉默是明智的。」[39] 可見，克里斯蒂娜認為儘管民眾沒有權利反抗，民眾中的上層有責任有能力代表民眾對君主、議會提供建議，向君主請願，這對之後法國政治理論中的代表制產生了影響。

工匠和農民屬民眾的第三個階層，克里斯蒂娜同樣讚賞他們的作用：「工匠所做的各種各樣的工作對人類身體非常必要，如果沒有他們，就如同人類身體沒有雙足一樣無法走動。……如果國家沒有勞動者和工匠，國家將不會維持下去。儘管有人認為很少有手工藝者被教士稱為『工匠』，但他們是好的，高貴的和必要的。」[40]「雙足支撐了整個有機體，他們通過勞動這一途徑，他們什麼都不做才不值得稱讚。」[41]「簡單勞動者或者其他低等級的階層不應被詆毀……」[42] 顯然，克里斯蒂娜對每一階層的評價是通過他們在自己機構所履行的職責，當他們各司其職時，國家才會穩定。

二　各階層的關係

克里斯蒂娜所描繪的有機體有嚴格的等級分工，既贊同君主集權，又非常關注大眾的利益——包括女性，城鎮居民，窮人等，堅持法國

39　*B*., pp.99-100.
40　*B*., p.105.
41　*B*., p.107.
42　*B*., p.108.

民眾和王室統治之間的互惠關係,「上帝所建立的秩序,即貴族做貴族所應做的,民眾做他們適合做的,所有人共同組成了同一個有機體,正義和平的生活。」[43]克里斯蒂娜強調總體的相互獨立原則:「正如人類身體不是一個整體,缺少一些部位,就會有缺陷和畸形,有機體如果有階層沒有很好的融入和團結一致,那麼有機體就不完美、完整和健康。因此,各階層要互相幫助,踐行自己的職責,使得有機體完整,身體的各部位相互協作,給予整個身體指引和營養。」[44]這是一種互惠互利,相互獨立的國家共同體。整個有機體的健康必須通過每個階層各司其職才能得以實現,當輕視任何一個階層成員,或使其處於奴役地位,都會對整個有機體健康產生損害。

首先,克里斯蒂娜認為君主制是最佳政體,作為頭部的君主擁有至高的權威,其他各階層都應服從。有機體的健康是和君主的健康連接在一起的。克里斯蒂娜描述了一種破壞整個有機體健康的內部鬥爭狀態,對國家的威脅使她強調對國家元首忠誠的重要性。她採用了瓦列利烏斯的觀點,國家的善需要置於首位,對國家元首的忠誠,對政體的忠誠是特別必要的,因為它內在地與整個政治體的健康相關。瓦列利烏斯是羅馬帝國新秩序的擁護者,通過神話凱撒,強調必須對統治者忠誠,創造了一種神學和神權性質的民族主義,儘管這種多神文化與十五世紀的歐洲大相徑庭,克里斯蒂娜能夠用瓦列利烏斯的政治神學來描繪好的君主。[45]

克里斯蒂娜認為為了維持有機體的和諧完整,所有人都要像君主表示「愛,尊敬和服從。」[46]「良好的行為,生活在恐懼中,保持服

---

43 *B.*, p.59.

44 *B.*, p.90.

45 Erica Piedra, *The Body Politic in Medieval France: Christine de Pizan's Le livre du corps de polic*ie, University of California, Ph.D. dissertation, 2006, pp.11-13.

46 *B.*, p.91.

從，這是明智的。」⁴⁷「正義的本質以及它所服務和擴展的被人所熟知和理解；非常適宜好的君主懲罰（或者已經懲罰）作惡者。我將跳過這個話題，進入有益於好君主的話題：根據君主的權力，正義的德性是他所應得的。如果他維持正義的統治，他在任何事務中不會不公正，能夠達到預期。他有同樣的權利給予每個人，這是理性的，意味著他因權利和理性被服從和懼怕，這對大多數君主來說是適宜的。在任何一塊土地上，如果人民不懼怕君主，那麼將不會存在真正的正義。」⁴⁸克里斯蒂娜又引用了《聖經·新約》：「《聖經》中多處建議臣民要謙卑，並樂於服從他們的領主和統治者。所以聖保羅在《使徒書》的第十三章講道：『所有的生物都應該服從強大的君主，因為君主的權力是神授予的。凡是反抗這種權力的人，就是對上帝命令的反抗。』」⁴⁹克里斯蒂娜用這段話證明君主權力的合法性和有機體的等級性。她接著闡述：「聖彼得說，……『在恐懼中服從你的領主。』……『為了上帝的愛，尤其是為了最優秀的國王，並將做壞事的人送到首領那接受懲罰，給予良善和善行的人榮耀。』……所有的臣民都應該對君主行為忠誠，邪惡來自做相反的事情。」⁵⁰克里斯蒂娜繼續引用《新約》：「《出埃及記》的第二十二章講道，法律禁止抱怨並且指出『你們將不能抱怨偉大的君主或者咒罵人民的君主。』所羅門在《傳道書》第十章證實這種觀點：『思想上不能背叛君主，』這意味著沒有臣民密謀反對他的領主。」⁵¹進一步證明了應該對君主忠誠，這會有利於整個國家有機體的健康。克里斯蒂娜接著講道：「抱怨或違反君

47　*B.*, p.60.

48　*B.*, p.38.

49　*B.*, p.93.

50　*B.*, pp.93-94.

51　*B.*, p.100.

主的法律也是危險的。」[52]克里斯蒂娜雖未受過系統的法律教育,但她非常重視法律:「阿那卡西斯(Anacharsis)這位哲學家將法律比作蜘蛛網,認為蜘蛛網從未抓到過大的蒼蠅或黃蜂,但是可以抓到小的蒼蠅或者弱小的蝴蝶,讓強壯的鳥類飛過,他們飛過時經常破壞掉網。因此,有權勢的人往往沒有恐懼的破壞法律,而弱小的人往往被抓住陷入。這常常發生在窮人和低等級人的人身上,由於司法長官的貪婪。」[53]

克里斯蒂娜認為那些很好的服從君主的人是在踐行一種正義,應給給予他們獎勵:「君主或者給予者,必須明白他自己的權力和權威,以及他給予人民的權力和階層,不應給與不合適的或者過多的賞賜。君主或者捐贈者應該考慮給予賞賜的原因,因為為了有點給予,和做事情好的獎勵之間有差別,而純粹出於禮節地慷慨給予。因為,如果應受賞,君主應該詳細審視賞賜不應因破舊或廉價而被責怪。應當認為是慷慨的賞賜,但是當給予的賞賜沒有很大的價值時,儘管這是君主或有權勢的人認為是合適的賞賜,他們也可以給予窮苦貧困的人小的賞賜。」[54]

有機體是有德性和榮譽的理想國家。「幸福是一位坐在王座上的美麗優雅的女王,德性環繞於其身邊,並且看向她,等待她的知識,服務服從她……她命令正義去做一起能夠保護法律的事情,這樣會帶來和平。」[55]克里斯蒂娜再次引用瓦列利烏斯的觀點:「美德必須全面掌管人類生活。」[56]如前所述,當君主掌權時,他將「呈現完美的美

---

52 *B.*, p.100.
53 *B.*, p.40.
54 *B.*, p.27.
55 *B.*, p.5.
56 *B.*, p.4.

德。」[57]克里斯蒂娜認為法國國王查理五世是有能力有道德的典範，他跟隨了羅馬人：「好的君主將人民福祉置於個人之前。」[58]君主應該愛「國家和人民的共同福祉和利益。」[59]克里斯蒂娜堅信如果每個人在社會中各盡其職，堅信國王的判斷，中央集權的君主制將會帶來和平而不是混亂。

克里斯蒂娜批判了威尼斯體制的不穩定：「在整個世界中，根據古代沿襲的地方習俗，由人類所管理的土地上有不同的制度。一些是由選舉的皇帝統治，一些由世襲的國王統治等等。同樣還有城市國家，是由選出的君主自我管理和統治。……一些城市由被稱作貴族的一定的家族控制，他們不允許他們家族之外的人參與商議討論；這種（體制）在威尼斯建立以來一直如此，非常古老。一些城市由被稱作長老的人統治。一些地方由普通民眾統治，每年都由一批人重新加入。我相信這種統治不是為了所有人的共同福祉，而且不會持續很長時間，也不會有和平和理性。」[60]克里斯蒂娜接著強調有特權的君主政權是最佳的政體：「我對單獨的個人有很多話要說，但是當選擇最穩定的制度，管理國家和人民共同體，亞里士多德在《政治學》第三章所說，最佳的政體是由一個人統治管理。他說，由少說人統治依舊是好的，但是由太多人統治而不好，因為觀和欲望不一。」[61]克里斯蒂娜認為其他的體制或許適應其他的社會，而法國有這種政府體制是幸運的；不僅是源於亞氏的理想，而且穩定的君主制能顧帶來法國人的繁榮幸福：「在這一主題下，我認為法國人非常幸福。從法國由特洛伊（Trojan）人的後裔建立開始，如古代編年和歷史所說，不是由

---

57 *B.*, p.11.
58 *B.*, p.21.
59 *B.*, p.11.
60 *B.*, p.92.
61 *B.*, p.92.

外族國王,而是由一代代的本國國王統治。由高貴的法國君主統治對人民來說是一件自然的事情。因為這一原因和上帝的恩典,在世上所有的國家和王國中,法國人民對君主最自然,最敬愛和最順從,這是非常值得的稱讚的特殊的德性,他們值得這種偉大的功績。」[62]克里斯蒂娜這種對君主制的偏愛反映了當時法國社會的特點,她認為法國君主對人民是負責的。

其次,有機體成員都要為國家發展經濟努力。在克里斯蒂娜的著作中,她強調了整個政治共同體的主要目的是維護健康,成員物質方面的提高。所以君主的政策必須「增加他的國家的德性,力氣,力量和財富。」[63]這是政府的主要目標,特別是對經濟目標的總結。君主承擔的責任非常大,要保證整個國家的經濟形勢穩定提升,監督有機體各階層的合作。「(君主)應該要求臣民將上帝所規定的職責做到最好……每一個人,不管他處於何一階層,應該生活在良好的政策之下,沒有敲詐勒索,所以他們在君主的統治下生活有序,他們愛戴君主……」[64]王室政府的主要職責就是支撐法律和社會結構,允許個人之間的私人經濟關係,保護他們免受暴力和欺騙。君主不需要干預日常具體的經濟活動,保證他們的活動免受干擾。這就證明君主必須熟知有利於有機體健康的各項職責,「他需要聽取普通民眾,勞動者和商人的聲音,他們如何從窮苦以及富裕的人手中獲利,以及類似的各種事務……」[65]克里斯蒂娜沒有像先輩一樣拘泥於道德和宗教的規則,她認為物質和經濟財富非常重要,君主必須瞭解民眾的需求和利益,為了公眾福祉發展經濟。

---

62 *B.*, pp.92-93.
63 *B.*, p.36.
64 *B.*, p.19.
65 *B.*, p.10.

總之，克里斯蒂娜的有機體是一種嚴格的社會和政治等級制度，君主制是最穩定最優的體制。這種論述與十二世紀的約翰相比，反映了一個更加世俗化的國家和民族利益的上升。

第二節　女性參政觀

　　克里斯蒂娜在其父親和丈夫去世以後，沒有像傳統女性一樣回到義大利求兄弟的庇護，她選擇留在法國，以寫作為生贍養家庭。作為中世紀第一位職業女作家，克里斯蒂自然為女性發聲。在中世紀的基督教傳統中，女人由男人創造，並且夏娃無知的受到誘惑，煽動男性的欲望，這都是女性地位低下的反映。克里斯蒂娜想改變人們對女性在社會中的看法。

　　首先，克里斯蒂娜認為女性和男性地位平等。克里斯蒂娜借助理性女神的言論駁斥傳統的夏娃低於亞當的觀點，並且闡述行為美德是評判人高貴的標準：

> 亞當在那兒睡著了，上帝就抽取了他的一根肋骨，製造出了女人的身體。這既象徵她應當站在他的身邊，成為一個伴侶，而不是跪在他腳下的奴隸，也象徵他應當像對待自己的血肉一樣去愛她。如果這位至高無上的造物主，都沒有因為創造和形成了女人的身體而感到羞恥，那麼，難道自然還會感到羞恥嗎？只有極端愚蠢的人才會那樣認為！的確，上帝是如何形成女人的？我不知道你是否已經注意到這一點：她是按照上帝的形象被創造的。女人的身體承載著如此高貴的印記，有哪張嘴敢誹謗他？……上帝創造了靈魂，並將同樣的靈魂全部置於女人和男人的身體中，他們同樣善良而高貴。……男人或女人，誰擁

有更偉大的美德，誰就更高貴；一個人是高尚還是卑賤，不是依據身體的性別，而是在於行為和美德的完美與否。[66]

可見，女性同樣是按照上帝形象被創造的，和男性一樣擁有美德。「如果惡習能生出美德，在這方面我很樂意像女性一樣充滿激情，因為很多男性認為女性不知如何使她們豐富的精力沉寂。請大膽地來展示取之不竭的精力和我勇氣的源泉，當表達對美德的渴望是，這將完全不能止住。」[67]

其次，克里斯蒂娜認為女性應當接受教育。皮桑在《婦女城》開篇就描繪了自己坐在書屋中被很多書包圍的畫面，一位女性如饑似渴地尋求知識。「我拿起這本書，打開扉頁，看到它的作者是馬太奧魯斯。我笑了起來，因為雖然沒有讀過它，但我卻經常聽人說，像別的書一樣，它討論的是尊重女人的問題。」[68]克里斯蒂娜本人在父親的支持下接受了教育，學習掌握了拉丁語、法語等，熟悉古典即當代作家的作品，她認為女性同樣可以和男性一樣接受教育。針對中世紀人們普遍認為女性比男性心智低的觀點，克里斯蒂娜反駁：「如果人們像對待兒子一樣，習慣於把女兒送進學校讀書，而且如果那時她們也學習了自然科學知識，她們就會表現得像兒子一樣好，透徹地學習並理解所有藝術和科學的微言大義。」[69]緊接著，克里斯蒂娜列舉了很多有智慧的女性以證明自己的觀點。[70]這些女性聰慧有學識，可以和

---

66 〔法〕克里斯蒂娜·德·皮桑著，李霞譯：《婦女城》（上海市：學林出版社，2002年），頁21-22。

67 *B.*, p.3.

68 〔法〕克里斯蒂娜·德·皮桑著，李霞譯：《婦女城》（上海市：學林出版社，2002年），頁1。

69 同前註，頁59。

70 同前註，頁60-80。

男性一樣承擔社會職責,「即使邪惡的女人做了邪惡的事情,然而,在我看來,因善良的女子,特別是上文我提到的那些智慧、識字的女子和那些受過自然科學教育的女子,而導致的利益,一直在自然增長著,勝過了邪惡。」[71]

第三,克里斯蒂娜認為女性能夠參與到政治生活中。在《婦女城》中,克里斯蒂娜借助理性女神舉例偉大的女性統治者,如最高貴的女王尼克拉,擅長政治活動、領土治理,以及獨立的審判;法蘭西王后弗雷德貢德審慎地治理國家,從敵人手中救出兒子;賢明的王后布朗歇治理法蘭西王國,兒子成人後仍擔任議會首領。[72]在《論政治體》中,克里斯蒂娜舉例一大批勇敢的羅馬婦女在羅馬城遭到襲擊時奮起反抗保衛國家,迫使敵人撤退,城市「在女性的保衛下,更勝於女性,免於遭到武力摧毀」[73]。

在《淑女的美德》一書中,克里斯蒂娜向女性讀者指出《聖經》中展示的兩條通往天國的道路:「一種是在上帝腳前安靜等候的生活,另一種是為上帝忙碌的生活。……為上帝忙碌的生活則是另外一種服事上帝的方式。在這種生活中,一個人因著上帝的愛,甘心為每一個人擺上她的時間和精力。……這樣的女人為了上帝的緣故甘心忍受一切的傷害和苦難。正如你所看到的,這種為上帝忙碌的生活比前一種對世界更有用。」[74]顯然,這兩種生活都非常美好,但是克里斯蒂娜更為推崇的是第二種生活,即女性是政治共同體中的成員,應該在世俗生活中發揮積極作用,特別是貴族女性要承擔更多的政治責任。

---

71 同前註,頁141。
72 同前註,頁30-32。
73 *B.*, p.32.
74 〔法〕克里斯蒂娜・德・皮桑著,張寧譯:《淑女的美德》(南昌市:江西人民出版社,2009年),頁22頁。

克里斯蒂娜深知戰爭帶來的弊端,她認為一位富有德行的淑女在世俗社會最重要的職責就是充當國家的和平使者。「這位淑女因此具備了純潔、溫柔,良善的品格,成為調解她的丈夫——無論是國王還是王子,和她的人民之間的和平的使者。……這位高貴的淑女就成了百姓和國家之間的和平的大使,如果百姓之前心中還有什麼怨氣或者反抗的念頭,現在都平息了。這位王后不會讓百姓白白等待,她信守諾言,毫不耽擱地履行諾言。」[75]除了調解人民與君主之間的爭端外,貴族女性還要竭力避免戰爭並維護和平。「這位王后就會看到戰爭對人民造成的傷害,她就會盡全力來維護和平。她會勸說國王和大臣慎重考慮這件事,向他們陳說後果的嚴重性。任何一位國王都應該盡力避免流血事件,特別是殺害自己的同胞。發動戰爭並不是一件小事,未經深思熟慮是不應該這樣做的。更恰當的做法是尋找一條合適的途徑來達成協議。這時,王后一刻也不要猶豫,她要親自或者差派人勸說肇事者(在維護她丈夫榮譽的前提下),嚴厲地譴責罪行的同時,她應該告訴肇事者,他們的罪是何等的嚴重,國王完全有理由憤怒,並以公正的方式懲罰這樣的罪行,但她,作為一位王后,卻希望看到和平,所以如果肇事者願意以合適的方式彌補罪行,她願意盡她可能維護他們和國王間的和平。」[76]

克里斯蒂娜指出貴族女性在議會中的作用:「如果這位淑女還擔負著處理政務的責任,她就需要準時出席參議會。她在那裡一切的表現和禮儀都要周全,要符合她的地位,使得在座的每個人都因她的權柄而尊重她。她要認真傾聽每一項建議以及每個人的意見。……當有

---

75 〔法〕克里斯蒂娜・德・皮桑著,張寧譯:《淑女的美德》(南昌市:江西人民出版社,2009年),頁30-32。
76 同前註,頁34-35。

人來和她討論什麼的時候,她權衡輕重,智慧地應對。」[77]「智慧的皇后還應該在她丈夫的議員中蒙恩。她要禮貌地接見他們,智慧地和他們講話。」[78]克里斯蒂娜還認為王后應當管理財政收支,有必要時請管理財政的大臣當面彙報財政情況,同時弄清宮內的開銷,量入為出,開源節流。[79]對於伯爵夫人和女伯爵們,克里斯蒂娜建議他們同樣要學習知識,明白事理,更重要的是打理好莊園,這就學院明白當地的法律和習俗,學習武器,傾聽意見,補貼家用等。

克里斯蒂娜對於女性在社會生活中的職責的論述,與其「有機體」觀念相一致。在她看來,社會各個階層之間應當各司其職,彼此尊重,互惠合作,只有這樣社會才能夠和諧穩定,女性作為有機體的一員發揮了不輸於男性的作用。克里斯蒂娜通過有機體的觀念既能表達自己理想中的社會政治秩序,又能避免傳統女性的禁聲和從屬作用。克里斯蒂娜認為社會分工非常重要,自己屬博學的文員階層,這樣她有知識能夠傳播有機體理論。克里斯蒂娜站在第三等級的立場上對索爾茲伯里的約翰的有機體觀念進行了重新建構,使工商業階層和下層民眾的政治要求能夠得到表達,特別是呼籲給予女性政治權利,同時又在作品中反思和建構了民族身份認同感。

---

77 同前註,頁47。
78 同前註,頁66。
79 同前註,頁72。

第六章
約翰・福蒂斯丘

　　約翰・福蒂斯丘爵士（Sir John Fortescue, c.1394-1479），出生於英格蘭德文郡的諾瑞斯（Norris），出身名門望族，其父曾經擔任過莫城城堡（Castle of Meaux）的總管。據說福蒂斯丘在牛津大學埃塞特學院接受過教育，一四二〇年左右，進入林肯律師學院（Lincoln's Inn）學習法律，該院是一個世俗法律人士的專業團體，從事法律問題的研究與教學，有不少法官和律師加入。至此之後，福蒂斯丘頻繁參與政務。從一四三〇年開始的二十五年中，他曾經在十七個郡以及一些市鎮擔任過王家維護和平的法官三十五次，接受了七十餘次王家的司法調查任務。一四四二年，他又被任命為王座法（King's Bench）的主審法官（chief justice），深受亨利六世（Henry VI, 1421-1471, 1422-1461年和1470-1471年在位）信賴，不久被封為爵士。福蒂斯丘調查審判的不僅有包括大貴族謀反在內的刑事案件，也有涉及到國王宗主權的民事案件。在這期間，福蒂斯丘還八次被選入議會參與議政，並在一四四四至一四五六年間擔任議員請願書的裁決人。[1]福蒂斯丘親身經歷了百年戰爭和玫瑰戰爭，特別是約克家族發動的玫瑰戰爭，顛覆了他效忠的蘭開斯特王朝，迫使他流亡到法國。基於這些豐富的政治經驗加之對古典和中世紀政治理論的諳熟，福蒂斯丘構建了系統性地憲政理論。十七世紀以來，他的觀念就被用來為輝格黨的英國憲政史詮釋張本。[2]

1　孟廣林：〈試論福特斯鳩的「有限君權」學說〉，《世界歷史》第1期（2008年），頁29。
2　〔美〕沃格林著，段保良譯：《政治觀念史稿（卷三）中世紀晚期》（上海市：華東大學出版社，2009年），頁167-168。

福蒂斯丘代表性的論著有：《論自然法的屬性》（On the Nature of the Law of Nature, *De Natura Legis Naturæ*）、《英格蘭法律禮贊》（Commendation of the Laws of England, *De Laudibus Legum Angliae*）、《論英格蘭的政制》（The Governance of England）。現代學者謝利・洛克伍德（Shelley Lockwood）將《英格蘭法律禮贊》和《論英格蘭的政制》編輯成為《論英格蘭的法律與政制》。[3]福蒂斯丘的作品是有關抵抗暴政、反對自私利益、呼籲正義和公共利益的思想連貫、視野開闊的論證。……站在政治的立場審視法律。[4]麥基文評價《論英格蘭的政制》為「英格蘭憲法的第一本著作」。[5]

第一節　君主論

一　對君主的法律教育

　　一四六一年，福蒂斯丘親身經歷了陶頓戰役（the battle of Towton），隨後被俘，並隨亨利六世和王后瑪格麗特逃亡到愛丁堡。一四六三年七月，他隨王室穿越海峽來到巴爾的聖米耶勒（St Mihiel），在法國流亡了七年時間，這期間寫成了《英格蘭法律禮贊》。[6]該書是

3　〔英〕約翰・福蒂斯丘爵士著，謝利・洛克伍德編，袁瑜錚譯：《論英格蘭的法律與政制》（北京市：北京大學出版社，2008年）。Sir John Fortescue, *On the Law and Governance of England*, Shelley Lockwood, ed.（北京市：中國政法大學出版社，2003年，影印本）。

4　同前註，頁4。

5　〔美〕C・H・麥基文著，翟小波譯：《憲政古今》（貴陽市：貴州人民出版社，2004年），頁71。

6　〔英〕約翰・福蒂斯丘爵士著，謝利・洛克伍德編，袁瑜錚譯：《論英格蘭的法律與政制》（北京市：北京大學出版社，2008年），頁5。

愛德華王子（亨利六世和瑪格麗特皇后的兒子）和司法大臣的對話，是老師和學生之間的啟發教學式對話，旨在讓這位王子明白不能把全部時間都用在軍事訓練上，王位的主要責任是正義，而這要通過法律來實現。[7]福蒂斯丘相信愛德華王子將成為國王，他說道：「『一位王的職責就是為他的人民征戰，並用公義給他們裁判。』您可以從《列王記上》第八章清楚地知道這一點。為這道理，我希望我看到您，像投身戰事那樣，帶著一樣的熱忱獻身於法律研習之中，因為，就像征戰的結果由戰事決定，裁判要由法律決定。這一真理銘記在優士丁尼皇帝（Emperor Justinian）的心底。在他的《法學階梯》（Institutes）一書中，在前言的開頭處，他說：『帝國之君不單應當佩戴武器，還要佩戴法律，如此，就可以公義地統治，不論在和平時期還是在戰爭時期。』」[8]

為了說明法律的重要性，福蒂斯丘訴諸於聖經，將神聖性和正義性加諸於法律之上。他通過闡釋古代以色列國王憑藉《申命記》這部律法書統治國家，表明敬畏神是法律的結果，遠離惡就是懂得敬畏神。但是王子聽完這些話，對學習法律提出疑問，他說《申命記》是主頒佈的，摩西申明的，用心閱讀是一件善行；而法律是人頒佈，研讀這種法律也要有那樣心思的道理讓人不能明白。福蒂斯丘針對此回答，人的法律和《申命記》的律法都歸神聖，因為法律是一個神聖的命令，它命令正直之物，而禁止相反之物；所有靠人施行的法律都是神定的，由人確立的法律，人站在這裡的權柄也是來自神，研習人的法律，不會缺少神聖信心的福佑；這種法律不只是敦促敬畏神，並借此更有智慧，還會獲得快樂和福佑。人的法是教導圓滿正義的規則，

7　同前註，頁12。

8　同前註，頁32-33。

法律本身就是圓滿正義，正義是王室所有統治的目的，這正義如若得實現，實實在在被遵守，王的全部職責也就得到公平實現。[9]在闡述了由《聖經》的王權與法的關係後，福蒂斯丘轉入古典倫理學者的理論，繼續闡述英格蘭法律的優越性，勸導王子學習，養成法律習慣，將被名副其實地稱為正義，才有資格被塗油成為王。[10]福蒂斯丘認為作為君主應當通過法律正義實踐的美德，養成實踐正義的技藝：「有哪個工匠會那樣粗心地對待他兒子的運氣呢，在他的兒子年輕之時，他不傳授他任何技藝，而這兒子將來要憑藉這技藝過舒適的生活？如此來說，一個木匠就要教他的兒子使用斧頭，鐵匠就要教他的兒子使用錘子，那指望管理精神事物的人，就要有學問上的養成。有鑑於此，對一個君主來說，他要叫他的兒子在年輕之時接受法律的教導，這樣做是得體的，那兒子將在他之後來統治人民。」[11]至此，王子同意學習法律這一治國者的技藝。

君主要研習法律，依據法律進行統治，福蒂斯丘闡述的人的法律的重要性，體現了中世紀憲政的法治理念。

二　反對暴君暴政

《論英格蘭的政制》一書除了關於兩種不同政體的論述和如何組織御前會議的問題以外，核心主題是如何防止國王貧窮以及潛在的暴政。[12]「國王靠自己收人生活」（The King Shall Live of his Own）是西歐封建時代的一個基本原則，按照這樣的原則，像其他封建領主一

9　同前註，頁34-37。
10　同前註，頁40-42。
11　同前註，頁42-43。
12　同前註，頁23。

樣，國王及王室的一切花費均出自他個人的封建領地，後者是國王自己直接經營的王室領地。[13]同時，國王又承擔著維護王國和平的公共職責，很難僅靠王領的收入去履行這一職責，特別是對外戰爭時，英國君主會徵收一些國稅，然而這種舉措往往導致國王與貴族之間的權益紛爭。所以，國王的貧窮往往是引起政制危機的一個因素。

《論英格蘭的政制》第五章，闡述了由於王的貧窮而出現的危害，會侵蝕王的榮耀，被迫橫徵暴斂，導致民不聊生，攪亂王國的和平與安寧，「在窮王之下，沒有一個王國得享繁榮，或得享聲譽。」[14]福蒂斯丘接著對國王的常規內外用度進行了闡釋。他對貧窮的批判不僅是一個經濟問題，更是政治問題，國王一旦貧窮，就會壓迫民眾，到處搜刮，施行暴政，「對王來說，最大的安全，最美的榮耀，乃是要他王國的每一個等級都富裕。除了一貧如洗和黑白顛倒，沒有什麼能叫他的人民造反。但是顯然，當他們缺少了財產，他們就要說他們的正義無存，就要造反。而如若他們並非貧窮，他們就永遠不會造反，除非他們的君主如此背離正義，全然走入暴政的境地。」[15]貧窮的國王就是潛在的暴君，暴政會威脅王國的安全。福蒂斯丘反對暴君暴政，但是沒有像索爾茲伯里的約翰那樣提出暴君可以誅殺，他認為解決這些問題的途徑是通過議會法案返還王室土地，用長久的捐助建立一個全新的王冠基金，並改組常備的御前會議，由它負責以後的饋贈和委任事宜。[16]福蒂斯丘的法治理論傳承了英國法治傳統，促進了英國法

---

13 侯建新：《資本主義起源新論》（北京市：生活・讀書・新知三聯書店，2014年），頁192。
14 〔英〕約翰・福蒂斯丘爵士著，謝利・洛克伍德編，袁瑜琤譯：《論英格蘭的法律與政制》（北京市：北京大學出版社，2008年），頁129。
15 同前註，頁147-148。
16 同前註，頁25。

治建設,強調國王依據習慣法和制定法統治國家,強調譴責暴君統治,英格蘭這種「政治的與國王的政體」體現了中世紀的憲政理念。

綜上,中世紀有這樣的法治傳統:「法律對整個民族和每個人(在其被要求佔據的地位上)都具有約束力;反過來,它又確使每個人都享有與其地位相適合的特權、權利和豁免權。對於這項普遍的慣例來說,國王也不例外。由於國王是根據法律進行統治的,所以他也要受制於法律。」[17]在這種法治傳統下,從十二世紀中晚期的索爾茲伯里的約翰開始,歷經布拉克頓、托馬斯・阿奎那、帕多瓦的馬西利烏斯、福蒂斯丘等學者,他們圍繞王權與法律的關係問題這一中古憲政思想展開論述,王在法下、法律至上的理念對後世憲政法治精神產生了深刻的影響。法治傳統和學者觀念同樣影響了官方文件的出臺,比如《大憲章》明令國王必須遵守各項條款,訴諸條文的警示比傳統及理論上的制約更有力。中古法治觀念為近代憲政奠定了基礎。

第二節　政體論

在福蒂斯丘的憲政理論中,「政治的與國王的政體」(*dominium politicum et regale*)與「國王的政體」(*dominium regale*)的區別幾乎構成福蒂斯丘全部憲政理論的立論基礎。「政治的與國王的政體」這一核心概念通過福蒂斯丘的著作而發展起來的,從《論自然法的屬性》之第一卷所蘊含的哲學萌芽,到《英格蘭法律禮贊》之塑造,再到《論政制》之改造形成,可以描繪出這個概念的發展軌跡。[18]

---

17 〔美〕喬治・薩拜因著,鄧正來譯:《政治學說史(上卷)》(上海:上海人民出版社,2008年,四版),頁257。

18 〔英〕約翰・福蒂斯丘爵士著,謝利・洛克伍德編,袁瑜崢譯:《論英格蘭的法律與政制》(北京市:北京大學出版社,2008年),頁11。

《論自然法的屬性》中，福蒂斯丘區分了僅僅依靠王室權力實施統治的王的法律和依靠政治且王室的權力實施統治的王的法律，英格蘭的法律屬後者：「在英格蘭王國，不經三個等級的同意，王不制定法律，也不向他們的臣民強征捐稅；並且，即使是王國的法官，根據他們的誓言，也不能作出違背王國法律的審判，哪怕君主命令他們背道而行。如此這般，這統治卻不可以稱為政治的，這就是說，它不是許多人的統治。而儘管臣民們自己沒有王的權威就不能制定法律，並且，這王國也是從屬王的尊貴，為王以及他的繼承人的世襲權利所擁有，沒有哪裡可以施行純粹政治的統治，但是，它也不當被稱呼為王室的統治。」[19]可見，王國之所以是「政治的」，是因為它由民眾共同同意才能制定法律；同時，之所以是「國王的」，是因為沒有國王的權威民眾不能立法，並且國王其繼承人擁有世襲權利。正如李筠分析：「前者（政治的）意味著福蒂斯丘完整地吸收了通過阿奎那解釋的亞里士多德的自然政治理論，政治共同體的權力來自公民結成的團體，只有這種政治實體才是權力的貯藏之所。後者（國王的）意味著福蒂斯丘堅持格蘭威爾和布萊克頓以來的封建憲政傳統，將王權視為政治和法律共同體的樞紐。」[20]在《英格蘭法律禮贊》中，福蒂斯丘認為：「英格蘭的王不能隨心所欲地改變他的王國的法律，這道理是，為施行對王國臣民的統治，他的政府不單是王室的，也是政治的。假使他對他們實施統治所憑藉的權威是純粹王室的，他就可以改變王國的法律，並且可以不用諮詢他們而向他們征繳捐稅和別的費用；這正是民法體系的法律所代表的那種統治方式，它們宣稱『王者所喜之事，便有法律效力』。一個王用政治的方式來統治臣民，那情形就要相去甚遠，這道理是，不經他的臣民贊同，他就不能憑藉自己來改變他們的

---

19 同前註，頁163-164。
20 李筠：〈福蒂斯丘論英國憲政〉，《政治思想史》第1期（2016年），頁90-91。

法律，也不能用怪異的課稅名目向不情願的人民加稅；如此說來，接受他們自己喜歡的法律的統治，那人民便自由享有他們的財貨，不論是他們自己的王，還是別的什麼，都不能劫掠他們。」[21]在《論英格蘭政制》一開篇，福蒂斯丘更加明確了兩種政體的不同：「有兩種類型的王國，其中一個的統治稱為——用拉丁語表示就是——*dominium regale*（國王的政體），另一個的統治稱為 *dominium politicum et regale*（政治的與國王的政體）。它們的區別在於，第一個王可以憑藉他自己制定的那等法律來統治他的人民，故此，只要他自己願意，他可以向他們征斂稅銀和別的賦役，而無需他們的同意。第二個王只能憑藉人民同意的那等法律統治他們，故此，沒有他們的同意，就不能向他們征繳賦稅。」[22]可見，「國王的政體」是由一個國王根據自己的意志和力量統治國家，「王（*rex*）的稱謂乃是基於良好的治理（*regendo*）或統治……在良善的君主之下，這法律是很好的，此時他們的王國最像神的王國，神就是憑著自己的意志統治人的。……王者所喜之事，便有法律效力。」[23]但是沒有做到這些，而是依靠武力壓迫人民，則是專制暴君，這是福蒂斯丘最激烈反對地一種君主政體。而「『政治』（*Policia*）一詞源自 *poles*（意思是『眾多』）和 ycos（意思是『智慧』）；如此說來，政治政府就是靠著智慧和眾人商議實施管理的政府」[24]因此，「政治的與國王的政體」，王國政府既是「政治的」，「由眾人商議實施管理」，國王不經人民同意不能改變法律；又是「國王的」，人民通過國王的權威才能制定法律。

---

21 〔英〕約翰‧福蒂斯丘爵士著，謝利‧洛克伍德編，袁瑜琤譯：《論英格蘭的法律與政制》（北京市：北京大學出版社，2008年），頁47。
22 同前註，頁117。
23 同前註，頁120。
24 同前註，頁121。

福蒂斯丘認為英格蘭是「政治的與國王的政體」，這種政體優於「國王的政體」。首先，在「政治的與國王的政體」中的法律是優於「國王的政體」。在《英格蘭法律禮贊》中，福蒂斯丘闡述了英格蘭法律的優越性。他指出人法包括自然法、習慣法和制定法。[25]他認為：「英格蘭的法律，在它根據自然法的理由而發揮效力的那等事宜上的判決，和別過所有這等事宜上的法律比較起來，既不更好，也不更壞。」[26]換言之，英格蘭法律中承襲然法原則的部分，顯示不出英格蘭法律的獨特優越性。在之後，他接著向論證英國的習慣法和制定法的優點。英格蘭的習慣法自從不列顛人（Briton）以來一直沿用至今，儘管羅馬人統治的時代，羅馬法遍及各地，也沒有如此古老的歷史根系，英格蘭的習慣法是最優秀的。[27]所以有待考察的只有制定法，英格蘭的制定法的制定「不單要根據君主的意志，還要根據整個王國的同意，如此，它們既不能有損於人民，也不能疏於保證他們的利益。再要說，它們包含了必要的審慎和智慧，這事我們必須認同，因為它們頒行之時所憑藉的審慎，既不是出於一個御前顧問，也不僅僅是一百個，而是出於三百個以上的選舉出來的人物……就此，那諳熟議會之召集形式，秩序，和議事程序的人能夠作出更為清晰的描述。並且，假使以這等鄭重和審慎而制定的法律，恰好不能完全滿足立法者的初衷，它們就可以被迅速地修正，那方式就是最初制定它們的方式。」[28]可見，英格蘭制定法，既要依據君主意志，又要整個王國同意，體現了「政治的與國王的政體」的原則，這種法律比純粹的「國王的政體」中依據君主意志的法律，更適合英格蘭，也更優秀。

---

25 同前註，頁56。
26 同前註，頁57。
27 同前註，頁57-58。
28 同前註，頁59-60。

在《論自然法的屬性》中，福蒂斯丘同樣指出：「一個靠著政治權力統治的王，他的王國的法律最為穩固地規範著他實現公正的審判，他的權柄和自由並不遜於那靠著王室權力統治的王，這王不容任何約束，可以自由地為所欲為。因為犯罪的能力不是權柄，那經人民同意而完美建立起來的政治的法律，在功效和美德上，也不遜於那最好的君主最為公正地頒行的王室法律。」[29]

其次，從兩種政體的起源來看，「政治的與國王的政體」優於「國王的政體」。

兩種政體不同的起源決定了君主權力的來源不同。在純粹「國王的」統治中，君主的權力來自於其自身，「那據有出眾的權力又貪婪於高位和榮耀的人，征服他的鄰人，使他們屈就自己，這通常借助武力，並驅使他們尊奉他們自己，逢迎他的命令；對這樣的命令，他自己適時地訂立懲罰規則，這就成為那鄰人們適用的法律。經歷的時日一久，並且，只要他們由於這屈服而避免了別的外來傷害，這鄰人們就作為臣民而心悅誠服地接受了他們的征服者的統治……」[30] 而在「政治的與國王的」統治中，君主的權力來自於政治體。福蒂斯丘將政治體比喻為有機體，相比索爾茲伯里的約翰和帕多瓦的馬西利烏斯的有機體論，福蒂斯丘的「有機體的比喻已從一個已成立的政治身體與一個有機體之間的比擬，擴大為王國的創建與一個脫離胚胎狀態的關節相連的身體的生長之間的比擬。」[31]

福蒂斯丘詳細闡述了有機體：「如此說來，一個民族要為自己確立王國或別的什麼政治體時，必須要為整個政治體的政府樹立起一

---

29 同前註，頁171-172。
30 同前註，頁49-50。
31 〔美〕沃格林著，段保良譯：《政治觀念史稿（卷三）中世紀晚期》（上海市：華東大學出版社，2009年），頁171。

人，並比照那王國，這人基於施『治』也一般稱為王。正如自然之體從胚胎長成一般，它由頭顱發號施令，這王國也從人民中來，並成為一個神奇的實體，它由一人統治，有如頭顱。並且，正如在一個自然之體上，如那哲人斷言，心臟乃是第一件有生命之物，它本身蘊涵著血，並把它輸送到所有的組成部分，各個部分借此而激發並生長；政治體中也是這樣，這人民的意圖乃是第一件有生命之物，它本身蘊涵著血，也就是合乎人民利益的政治籌謀，它把它輸送到那首腦和所有的政治體成員，這政治體借此而獲得營養和激勵。」[32]對於一個自然身體來說，頭顱是向身體發號施令的指揮部位，但是頭顱只是身體的一部分，不能取代其它部分。有機體中君主和人民的關係如同頭顱和身體關係，君主是國家的一個有機部分，作為國家的統治者，仍然要受到限制。福蒂斯丘的有機體論的獨特之處還在於對法律的描述，融合了日耳曼民族的法律觀念，「日耳曼各民族認為法律是屬民族的、或族群的、或部落的；它幾乎就是這種群體的一種屬性或者這種群體賴以維繫在一起的一種共同財富。」[33]福蒂斯丘認為：「實實在在，法律就像自然之體上的肌腱，一群人借助法律而形成一個民族，正如自然之體通過肌腱而維繫起來；這神奇的實體借助法律而維繫並且成為一體，『法律』一詞就從『維繫』派生而來。」[34]一言以蔽之，法律是維繫人民形成群體的紐帶。日耳曼民族的法律觀被福蒂斯丘運用到有機體論中。福蒂斯丘接著闡述：「並且，這身體的組成部分和骨骼，

---

32 〔英〕約翰‧福蒂斯丘爵士著，謝利‧洛克伍德編，袁瑜錚譯：《論英格蘭的法律與政制》(北京市：北京大學出版社，2008年)，頁51-52。

33 〔美〕喬治‧薩拜因著，鄧正來譯：《政治學說史（上卷）》(上海市：上海人民出版社，2008年，四版)，頁249。

34 〔英〕約翰‧福蒂斯丘爵士著，謝利‧洛克伍德編，袁瑜錚譯：《論英格蘭的法律與政制》(北京市：北京大學出版社，2008年)，頁52。

正象徵著那真理的堅實基礎，這共同體就是借此而得以存在，它憑藉法律而捍衛人的權利，正如自然之體憑藉肌腱所為之舉。並且，正如自然之體的頭顱不能改變它的肌腱，或是拒絕它的組成部分的正當力量和血裡的營養，一個王作為一個政治體的首腦，也不能改變那實體的法律，或是擅自剝奪人民的財貨，或是對抗他們的意志。」[35]君主如同自然體中的頭顱，人民的意圖如同自然體中蘊涵著血液的心臟，法律如同維繫自然體的肌腱，正如頭顱不能改變自然體的肌腱、不能拒絕身體組成部分的正當力量和血裡的營養，王作為政治體的首腦也不能改變政治體的法律，違背人民的意志，相反，王的確立是為了保護法律，保護人民和他們的人身與財貨。通過有機體的比喻，福蒂斯丘闡釋了「政治的與國王的政體」的王國中君主權力的來源和君主的職責，以及法律扮演的特殊的角色。

此外，福蒂斯丘為了加強論證，在《英格蘭法律禮贊》一書的第三十五、三十六章對比了實施純粹「國王的」的統治的法國和實施「政治的與國王的」統治的英國的社會狀況。法國純粹「國王的」統治，國王不是憑藉法律做事，憑著流言飛語和王的良知，人一旦被定罪，就不需要任何司法審判，人民被不幸折磨得筋疲力盡。[36]而在「政治的與國王的」統治的英格蘭，國王權力受到法律的約束，國王不能隨意進展人民財產，不經議會代表的王國全體上下的認可或同意，國王不能徵收賦稅，不能改變法律或是制定新法，每一個居民由此都根據自己意願生活，人民安寧幸福。[37]

總之，「政治的與國王的政體」優於「國王的政體」，福蒂斯丘本人明確指出：「憑藉王室權力實施統治的王更難實施他的統治，更難

---

35 同前註，頁52。
36 同前註，頁84。
37 同前註，頁85-86。

保證他自己和他的人民的安全,對那審慎的王來說,把政治政府改換為純粹的王室政府是得不償失的。」[38]

---

[38] 同前註,頁88。

結語

　　隨著中古歐洲國家政治的實際運作，以及對古典時代自由民主思想、日耳曼民主法律傳統和基督教理論的繼承與發揚，歐洲各個國家遺存了大量歷史文本，這些文本反映了國王、貴族、教士和民眾等社會各階層對自由、權力、權利、民主、法治等概念的思考和認識。在中世紀特殊的歷史條件下，官方出臺的文件如一二一五年英國《大憲章》、一三五六年德國《黃金詔書》和一三五七年法國《大敕令》等，和很多思想家的作品一樣表達了相關的政治理念。

　　十二世紀是公眾閱讀發展的轉折點，在這之前一般只有教士和統治階層的一些成員能夠閱讀，大部分知識分子都是僧侶，他們能夠閱讀古典文獻，加之對《聖經》等神學作品的學習，這為宣揚憲政精神提供了理論依據。「十二世紀文藝復興」和十三世紀「亞里士多德革命」後，越來越多的民眾能夠識字，理性精神發揚，進一步促進了民眾對上述思想的接受。很多知識分子提出了對君主的要求，如索爾茲伯里的約翰主張對君主權力限制，君主一定要遵守法律，否則就是暴君，甚至提出可以誅殺暴君。布拉克頓完美地融合了習慣法和羅馬法，特別是他對羅馬法進行了創造性吸收和運用，為限制王權提供辯護。托馬斯・阿奎那的理想政體是君主制，君主同樣要遵守法律，而且統治是屬全體的，人法的權力來自人民。帕多瓦的馬西利烏斯指出人民或人民中重要的部分為立法者，君主是人民的代表，必須服從法律，同時每個人都參與國家事務，各階層保持平衡和互相制約，包括教皇在內的教士階層是人民的一部分，沒有特權。克里斯蒂娜作為法

國第一位以寫作為生的女性,她的作品反映了人們期望和諧的社會環境的需求,同時,女性在這一時期依舊地位低下,而克里斯蒂娜的作品為女性權益辯護,使得女性的聲音加入到中世紀晚期思想文化領域的話語之中。約翰·福蒂斯丘構建了系統性地憲政理論,強調君主要研習法律,依據法律進行統治,譴責暴君統治,英格蘭這種「政治的與國王的政體」體現了中世紀的憲政理念。還有格拉提安、奧卡姆的威廉、巴黎的約翰、庫薩的尼古拉、根特的亨利、列奧納多·布魯尼、弗勒里的埃伯、薩索菲那多的巴托魯斯和馬基雅維利等人的作品反映了對國王權力限制的精神。頒行於同時代的《大憲章》、《大敕令》和《黃金詔書》這些典型的官方文件,同樣也反映了自由、選舉和共同同意等精神。

此外,知識分子的作品中蘊涵著人文主義精神。關於中世紀人文主義的研究,以薩瑟恩(R. W. Southern)的觀點具有代表性:

> 「人文主義」主要有兩種不同的但相關的含義,歷史學家有時用其中一種,有時將二者結合。這引起了分歧。根據牛津英語詞典該詞的一般意義為「一種思想或者行動的體系,只關注人的利益或者普遍意義上關於人的問題。」這種解釋將人文主義與知識和行動的延伸聯繫在一起,因此與人類事務中的超自然現象的減少相關。它的主要工具是最終與整個自然相關聯的科學知識,包括人的本性。這稱之為「科學」人文主義(Scientific Humanism)。……除了這種人文主義的流行觀點,還有一種可以追溯到文藝復興的學術觀點。在這種觀點中,人文主義的重要特徵是對古典拉丁與希臘文學的學習:因此使用術語如「人類教授」和「人文學科(*literae humaniores*)」。我稱之為「文學」人文主義(Literary Humanism)。在這種視角下,中世紀

在早期文學人文主義者眼中，代表敵人，不僅因為他們對古典巨著文學質量的忽略，還因為他們在學習這些作品時對人的品質的忽視。……人文主義的三個特徵：一是強烈的人性尊嚴的意識……二是對自然界本身尊嚴的認識。這是第一個特徵的後果，如果一個人本性高尚，那麼自然秩序本身也會高尚……二者有不可分割的聯繫，是認識宇宙的顯赫和光輝的力量也是個體顯赫和光輝的表達。人在自然中不可替代；人類社會是偉大複雜的自然秩序的一部分，與法律緊密聯繫……最後一個特徵是通過人類的理性可理解整個宇宙：自然被認為是一種有序的體系，人類理解自然法是理解自然的主要基石。[1]

這一時期人文主義者（Humansits）的主修專業主要是文學和哲學而不是神學，在通識教育（人文學科）方面得到很好的訓練，特別是語法方面，能夠熟練掌握拉丁語和運用修辭學。古典引用和例證經常在他們的著作中出現，作為批判的權威，從中也可以看出他們的學識觀點。人文主義者強烈力圖捍衛七藝作為所有學習和訓練的基礎，特別是準備過德性生活時。對學校的批判，他們寫道辯證法成為藝術教育的主導，強調有利可圖的法律或者醫學專業破壞了學習的基礎。對社會的批判，他們痛斥律師和職業朝臣地位的提升，他們對公眾生活十分有害，而那些受到良好的七藝教育的人地位沒有提高。[2]這些知識分子一般既有教會職務，又與世俗政府聯繫緊密，將人文藝術與神學這兩種原則結合，修辭藝術與國家服務聯繫在一起。他們的寫作方式

1　R. W. Southern, *Medieval Humanism and Other Studies*, Oxford: Blackwell, 1970, pp.29-32.

2　Stephen C. Ferruolo, *The Origins of the University: The Schools of Paris and Their Critics, 1100-1215*, Stanford, California: Stanford University Press, 1985, p.131.

顯示了古典和中世紀的良好結合，即將拉丁文學與基督教的結合，既體現了知識人的學術性，又體現了為教會或世俗王權服務的政治性。

　　正如厄爾曼所指出：「我們的現代概念、我們的現代制度、我們的政治義務與憲政觀念，不是直接起源於中世紀，就是在直接反對中世紀的過程中發展起來的。」[3]沃格林同樣講道：「現代憲政體制絕不是在制度的平臺上演化來的，而是由觀念在制度上的疊置演化來的，這種疊置是在一個完全不同道德情感和觀念場域中逐漸出現的。我們可以把中世紀與現代制度的關係問題簡單地表述為，產生於封建權力場域的制度構成了一個新的事實，促使那些使制度進一步朝憲法主義方向發展和解釋的觀念與情感得以興起。」[4]儘管官方文件和思想家們的很多作品的出發點都不是主張憲政，但是都反映了憲政精神，在他們的大力推動下，中世紀的憲政思想有了進一步的發展，形成了比較系統的理論體系，為近代憲政的發展奠定了基礎。

---

[3] 〔英〕沃爾特・厄爾曼著，夏洞奇譯：《中世紀政治思想史》（南京市：鳳凰出版傳媒集團・譯林出版社，2011年），頁227。

[4] 〔美〕沃格林著，段保良譯：《政治觀念史稿（卷三）中世紀晚期》（上海市：華東師範大學出版社，2008年），頁145。

參考文獻

英文資料：

A. Primary Sources:

Bracton, *On the Laws and Customs of England*, vol.2, Translated, with revision and notes, by Samuele Thorne, Buffalo, New York: William S. Hein & Co., Inc.,1968.

John of Salisbury, *The Metalogicon of John of Salisbury: A Twelfth-Century Defense of the Verbal and Logical Arts of the Trivium*, Translated with Introduction & Notes by Daniel D. McGarry, Berkley and Los Angeles: University of California Press, 1962.

Christine de Pizan, *The Book of the Body Politic*, translated by Kate Langdon Forhan, Cambridge: Cambridge University Press, 1994.

John of Salisbury, *Frivolities of Courtiers and the Footprints of Philosophers: Being the First, Second, and Third Books and Selections from the Seventh and Eighth Books of the Policraticus of John of Salisbury*, Edited and Translated by Joseph B. Pike, New York: The University of Minnesota, 1972.

John of Salisbury, *Policraticus:of the Frivolities of Courtiers and the Footprints of Philosophers*, Edited and Translated by Cary J. Nederman, Beijing: China University of Political Science and Law Publishing Company, 2003.

John of Salisbury, *The Statesman's Book of John of Salisbury —Being the Fourth, Fifth, and Sixth Books and Selections from the Seventh and Eighth Books, of the Policraticus*, Translated into English with an Introduction by John Dickinson, New York: Russell & Russell, 1963.

Marsiglio of Padua, *Defensor Minor and De Translatione Imperii*, edited by Cary J. Nederman, Cambridge: Cambridge University Press, 1993.

Marisilius of Padua, *The Defender of the Peace*, trans. by Annabel Breet, Cambridge: Cambridge University Press, 2005.

Peter Abelard, *Ethical Writing: His Ethics or "Know Yourself" and His Dialogue Between a Philosopher, a Jew, and a Christian*, trans-lated by Paul Vincent Spade with an introduction by Marilyn McCord Adams, Indianapolis/Cambridge: Hackett Pub. Co, 1995.

Peter of Celle, *The Letters of Peter of Celle*, edited by Julian Haseldine, Oxford; New York: Oxford University Press, 2001.

Ptolemy of Lucca, *On the Government of Rulers: De Regimine Principum, with portions attributed to Thomas Aquinas*, translated by James M. Blythe, Philadelphia: PENN, University of Pennsylvania Press, 1997.

Saint Bernard of Clairvaux, *Five Books on Consideration: Advice to a Pope*, translated by John D. Anderson & Elizabeth T. Kennan, Kalamazoo, Mich.: Cistercian Publications, 1976.

Secondary Sources:

A. Books

Antony Black, *Political Thought in Europe, 1250-1450*, Cambridge: Cambridge University Press, 1992.

Antony Black, *Monarchy and Community: Political Ideas in the Later Conciliar Controversy 1430-1450*, New York: Cambridge University Press, 2005.

Antony Black, *Political Thought in Europe, 1250-1450*, Cambridge: Cambridge University Press, 1992.

Arthur P. Monahan, *Consent, Coercion, and Limit: The Medieval Origins of Parliamentary Democracy*, Montreal: McGill-Queen's Press, 1987.

Antonio Padoa-Schioppa, *A History of Law in Europe: From the Early Middle Ages to the Twentieth Century*, Cambridge: Cambridge University Press, 2017.

Brian Tierney, *The Idea of Natural Rights: Studies on Natural Rights, Natural Law and Church Law 1150-1625*, Scholars Press for Emory University, 1997.

Beryl Smalley, *Studies in Medieval Thought and Learning: from Abelard to Wyclif*, London: Hambledon, 1981.

Brett Edward Whale, *The Medieval Papacy*, Hampshire &New York: Palgrave Macmillan, 2014.

Brian Tierney, *The Crisis of Church and State, 1050-1300: with Selected Documents*, Englewood Cliffs, N.J.: Prentice-Hall, 1964.

Brooke Luscombe, ed., *Church and Government in the Middle Ages: Essays *presented to C.R. Cheney on his 70th birthday*, Cambridge: Cambridge University Press, 1976.

C. Stephen Jaeger, *The Origins of Courtliness: Civilizing Trends and the Formation of Courtly Ideals, 939-1210*, Philadelphia: University of Pennsylvania Press, 1985.

Carlyle, R. W. & Carlyle, A. J., *A History of Medieval Political Theory in the West*, 6 vols., New York: Barnes &Novle, Inc., 1903-1936.

Cary J. Nederman, *John of Salisbury*, Tempe and Arizona: Arizona Center for Medieval and Renaissance Studies, 2005.

Cary J. Nederman, *Lineages of European Political Thought: Explorations Along the Medieval/Modern Divide from John of Salisbury to Hegel*, Washington, D.C.: The Catholic University of America Press, 2009.

Cary J. Nederman, *Medieval Aristotelianism and its Limits: Classical Traditions in Moral and Political Philosophy, 12th-15th Centuries*, Ashgate Publishing Litimited: Variorum, 1997.

Cary J. Nederman, *Worlds of Difference: European Discourses of Toleration, c.1100-c.1550*, University Park, Pa.: Pennsylvania State University Press, 2000.

Charles Duggan, *Twelfth-century Decretal Collections and their Importance in English History*, London: Athlone Press, 1963.

Charles Howard McIlwain, *The Growth of Political Thought in the West from the Greeks to the end of the Middle Ages*, New York: The Macmillan Company, 1932.

Christophe Grellard and Frédérique Lachaud, eds., *A Companion to John of Salisbury*, Leiden: Brill, 2014.

Clement C. J. Webb, *John of Salisbury*, London: Methuen &Co.ltd., 1932.

Daniel Williams, ed., *England in the Twelfth Century*, Woodbridge: Boydell, 1990.

David Bloch, *John of Salisbury on Aristotelian Science*, Turnhout, Belgium: Brepols, 2012.

David Knowles, *The Episcopal Colleagues of Archbishop Thomas Becket: being the Ford Lectures delivered in the University of Oxford in Hilary Term 1949*, Cambridge: Cambridge University Press, 1951.

David Knowles, *The Historian and Character, and other Essays*, edited by C. N. L. Brooke and Giles Constable, Cambridge; London: Cambridge University Press, 1963.

David Knowles, *The Monastic Order in England: a History of its Development from the Times of St. Dunstan to the Fourth Lateran Council, 940-1216*, Cambridge: Cambridge University Press, 1963.

David Luscombe and Jonathan Riley-Smith, *The New Cambridge Medieval History Volume IV part I c.1024–c.1198*, Cambridge: Cambridge University Press, 2004.

David Miller, ed., *The Blackwell Dictionary of Political Thought*, Oxford: Blackwell, 1987.

David VanDrunen, *Natural Law and the Two Kingdoms: A Study in the Development of Reformed Social Thought*, Grand Rapids, Mich.; Cambridge: Eerdmans, 2010.

Deno John Geanakoplos, *Medieval Western Civilization and the Byzantine and Islamic Worlds: Interaction of Three Cultures*, D. C. Heath, 1979.

Enrique Dussel, *Beyond Philosophy: Ethics, History, Marxism, and Liber-*

ation Theology, edited by Eduardo Mendieta, Lanham, Md.: Rowman & Littlefield Publishers, 2003.

Ernst H. Kantorowicz, *The King's Two Bodies: A Study in Mediaeval Political Theology*, Princeton and Chichester: Princeton University Press, 1997.

Frederick Pollock and Frederic William Maitland, *The History of English Law before the Time of Edward I*, Cambridge: Cambridge University Press, 1923.

Gerson Moreno-Riaño and Cary J. Nederman, eds., *A Companion to Marsilius of Padua*, Leiden: Brill, 2012.

Hans Lisbeschutz, *Mediaeval Humanism in the Life and Writings of John of Salisbury*, London: Warburg Institute, 1950.

James M. Blythe, *Ideal Government and the Mixed Constitution in the Middle Ages*, Princeton, N.J: Princeton University Press, 1992.

John H. Mundy, *Europe in the High Middle Ages, 1150-1309*, London: Longman, 1991.

Margaret Brabant, *Politics, Gender, and Genre: the Political Thought of Christine de Pizan*, Boulder: Westview Press, 1992.

Michael Wilks, *The Problem of Sovereignty in the Later Middle Ages: the Papal Monarchy with Augustinus Triumphus and the Publicists*, Cambridge: Cambridge University Press, 1963.

Robert L. Benson, Giles Constable and Carol D. Lanham, *Renaissance and Renewal in the Twelfth Century*, Oxford: Clarendon Press, 1982.

Ronald L. Cohen, *Justice: Views from the Social Sciences*, New York: Plenum Press, 1986.

R. W. Southern, *Medieval Humanism and Other Studies*, Oxford: Blackwell, 1970.

R. W. Southern, *Platonism, Scholastic Method, and the School of Chartres*, Reading: University of Reading, 1979.

R. W. Southern, *Saint Anselm: A Portrait in a Landscape*, Cambridge: Cambridge University Press, 1990.

R. W. Southern, *Saint Anselm and his Biographer: A Study of Monastic Llife and Thought 1059-c.1130*, Cambridge: Cambridge University Press, 1963.

R. W. Southern, *Scholastic Humanism and the unification of Europe*, Vol.1, *Foundations*, Oxford; Cambridge, Mass: Blackwell, 1995.

R. W. Southern, *Scholastic Humanism and the Unification of Europe*, Vol. 2, *The Heroic Age*, with notes and additions by Lesley Smith and Benedicta Ward, Oxford; Malden, Mass: Blackwell, 2001.

R. W. Southern, *The Making of the Middle Ages*, London: Hutchinson, 1953.

Stephen C. Ferruolo, *The Origins of the University: The Schools of Paris and Their Critics, 1100-1215*, Stanford, California: Stanford University Press, 1985.

Terence Irwin, *The Development of Ethics: A Historical and Critical Study*, Vol.1, *From Socrates to the Reformation*, Oxford; New York: Oxford University Press, 2007.

Thomas N. Bisson, *The Crisis of the Twelfth Century: Power, Lordship, and the Origins of European Government*, Princeton; Oxford: Princeton University Press, 2009.

Theodore F. T. Plucknett, *A Concise History of the Common Law*, Indianapolis, Ind.: Liberty Fund, 1956.

Thomas F. X. Noble and John Van Engen, eds., *European Transformations: the Long Twelfth Century*, Notre Dame, Ind.: University of Notre Dame Press, 2012.

W. L. Warren, *Henry II*, London: Eyre Methuen, 1973.

Walter Ullmann, *Law and Politics in the Middle Ages: an Introduction to the Sources of Medieval Political Ideas*, London: Sources of History Limited, 1975.

Walter Ullmann, *Principles of Government and Politics in the Middle Ages*, London: Methuen, 1961.

William Abel Pantin, *The English Church in the Fourteenth Century: Based on the Birkbeck Lectures, 1948*, Cambridge: Cambridge University Press, 2010.

William Stubbs, *Seventeen Lectures on the Study of Medieval and Modern History and Kindred Subjects Delivered at Oxford, under Statutory Obligation in the Years 1867-1884*, Oxford: Clarendon Press, 1886.

Woolf, C. N. S., *Bartolus of Sassoferrato, His Position in the History of Medieval Political Thought*, Cambridge: Cambridge University Press, 1913.

Paolo Prodi, *The Papal Prince, One Body and Two Souls: the Papal Monarchy in Early Modern Europe*, translated by Susan Haskins, Cambridge: Cambridge University Press, 1987.

Urban Tigner Holmes, *Daily Living in the Twelfth Century, Based on the Observations of Alexander Neckam in London and Paris*, Madison: University of Wisconsin Press, 1952.

B. Articles

Abigail E. DeHart, "John of Salisbury's *Metalogicon* and the Equality of Liberal Arts Education," *Grand Valley Journal of History*, Vol.3, Issue 1 (2013), pp.1-8.

Alan Harding, "Political Liberty in the Middle Ages," *Speculum*, Vol.55, No.3 (1980), pp.423-443.

Brian D. FitzGerald, "Medieval theories of education: Hugh of St Victor and John of Salisbury," *Oxford Review of Education*, Vol.36, No.5 (2010), pp.575-588.

C. H. Haskins, "England and Sicily in the Twelfth Century," *The English Historical Review*, Vol.26, No.103 (1911), pp.433-447.

C. Kenneth Brampton, "Marsiglio of Padua: Part I. Life," *The English Historical Review*, Vol. 37, No. 148 (1922).

C. Stephen Jaeger, "The Court Criticism of MHG Didactic Poets: Social Structures and Literary Conventions," *Monatshefte*, Vol.74, No.4 (1982), pp.398-409.

C. Stephen Jaeger, "Pessimism in the Twelfth-Century 'Renaissance,'" *Speculum*, Vol.78, No.4 (2003), pp.1151-1183.

Cary J. Nederman, "A duty to Kill: John of Salisbury's Theory of Tyrannicide," *The Review of Politics*, Vol. 50, No. 3(1988), pp.365-389.

Cary J. Nederman, "Beyond Stoicism and Aristotelianism: John of Salisbury's Skepticism and Twelfth Century Moral Philosophy," *Brills Studies Intellectual History*, Vol.30 (2005), pp.175-195.

Cary J. Nederman, "Freedom, Community and Function: Communitarian Lessons of Medieval Political Theory," *The American Political Science Review*, Vol. 86, No.4 (1992), pp.977-986.

Cary J. Nederman, "Nature, Sin and the Origins of Society: The Ciceronian Tradition in Medieval Political Thought," *Journal of the History of Ideas*, Vol.49, No.1 (1988), pp.3-26.

Cary J. Nederman, "The Meaning of 'Aristotelianism' in Medieval Moral and Political Thought," *Journal of the History of Ideas*, Vol.57, No.4 (1996), pp.563-585.

Cary J. Nederman, "The Union of Wisdom and Eloquence before the Renaissance: The Ciceronian Orator in Medieval Thought," *Journal of Medieval History*, Vol.18, Issue 1 (1992), pp.75-95.

Cary J. Nederman and Arlene Feldwick, "To the Court and Back Again: the Origins and Dating of the *Entheticus de Dogmate Philosophoum* of John of Salisbury," *Journal of Medieval Renaissance Studies*, 21 (1991), pp.129-145.

Christopher Brooke, "Aspects of John of Salibury's *Historia Pontificalis*," in *Intellectual Life in the Middle Ages: Essays Presented to Margaret Gibson*, edited by Lesley Smith and Benedicta Ward, London and Rio Crande: The Hambledon Press, 1992, pp.185-196.

Clare Monagle, "Contested Knowledges: John of Salisbury's *Metalogicon* and *Historia Pontificalis*," *Parergon*, Vol.21, No.1 (2004), pp.1-17.

Curt F. Bühler, "A Relatio brevis of the life and martyrdom of St. Thomas à Becket (Libri impressi cum notis manuscriptis-V)," *Scriptorium Année*, Vol. 6, Numéro 2 (1952), pp.274-276.

Daniel D. McGarry, "Educational Theory in the *Metalogicon* of John of Salisbury," *Speculum*, Vol.23, No.4 (1948), pp.659-675.

Daniel Joseph Sheerin, *John of Salisbury's "Entheticus de Dogmate Philosophprum," Critical Text and Introduction(Latin Text with English Introduction and Notes*, Ph.D. Dissertation, The University of North Carolina at Chapel Hill, 1969.

Dean Swinford, "Dream Interpretation and the Organic Metaphor of the State in John of Salisbury's *Policraticus*," *Journal of Medieval Religious Cultures*, Vol. 38, No.1 (2012), pp.32-59.

Edwin A.Quain, "John of Salisbury-Medieval Humanist," *Classical Bulletin*, 21 (1944/1945), pp.37-39.

Elizabeth A. R. Brown, "The Tyranny of a Construct: Feudalism and Historians of Medieval Europe," *The American Historical Review*, Vol.79, No.4 (1974), pp.1063-1088.

Ethel Cardwell Higonnet, "Spiritual Ideas in the Letters of Peter of Blois," *Speculum*, Vol.50, No.2 (1975), pp.218-244.

Francesco Caruso, "On The Shoulders Of Grammatica: John Of Salisbury's *Metalogicon* And Poliziano's Lamia," in Christopher S. Celenza, ed., *Angelo Poliziano's Lamia, Text, Translation, and Introductory Studies*, Brill's Texts and Sources in Intellectual History, Vol.7 (2010), pp.47-94.

Frank Barlow, "John of Salisbury and His Brothers," *Journal of Ecclesiastical History*, Vol.46, No.1 (1995), pp.95-109.

Gerhart B. Ladner, "Aspects of Mediaeval Thought on Church and State," *The Review of Politics*, Vol.9, No.4 (1947), pp.403-422.

Giles Constable, "The Alleged Disgrace of John of Salisbury," *The English Historical Review*, Vol.69, No.270 (1954), pp.67-76.

Gordon Gray, *Restoring Knowledge: John of Salisbury's 'Return to the Tree*, M.A.Thesis, Simon Fraser University, 2013.

H. G. Richardson, "The Early Correspondence of John of Salisbury," *The English Historical Review*, Vol.54, No.215 (1939), pp.471-473.

Hans Liebeschütz, "John of Salisbury and Pseudo-Plutarch," *Journal of the Warburg and Courtauld Institutes*, Vol.6 (1943), pp.33-39.

Hector J. Massey, "John of Salisbury: Some Aspects of His Political Philosophy," *Classica et mediaevalia: revue danoise de philologie et d'histoire* XXVIII, Copenhagen: Museum Tusculanum Press, 1967, pp.357-372.

Helene Wieruszowski, "Roger II of Sicily, Rex-Tyrannus, In Twelfth-Century Political Thought", *Speculum*, Vol.38, No.1 (1963), pp.46-78.

Ilya Dines, "The Earliest Use of John of Salisbury's *Policraticus*: Third Family Bestiaries," *Viator*, Vol.44, No.1 (2013), pp.107-118.

Ewart Lewis, "The 'Positivism' of Marsiglio of Padua," *Speculum*, Vol.38, No.4 (1963).

James H. Eberenz, *The Concept of Sovereignty in Four Medieval Political Philosophers: John of Salisbury, St. Thomas Aquinas, Egidius Colonna and Marsilius of Padua*, Ph.D Dissertation, The Catholic University of America, 1968.

Kate Langdon Forhan, *The Twelfth Century "Bureaucrat" and the Life of the Mind: John of Salisbury's "Policraticus,"* Ph.D. Dissertation, The Johns Hopkins University, 1987.

Kate Langdon Forhan, "Salisbury's Stakes: The Uses of 'Tyranny' in John of Salisbury's Policraticus," *History of Political Thought*, Imprint Academic, Vol.6, Issue 3 (1990).

Mary Alice Butts, *The Political Doctrines of Augustine of Hippo and

Marsilius of Padua: A comparison, Ph.D. Dissertation, University of Toronto, 1974.

Richard H. Rouse and Mary A. Rouse, "John of Salisbury and the Doctrine of Tyrannicide," *Speculum,* Vol.42, No.4 (1967).

Walter C. Summers, "John of Salisbury and the Classics," *The Classical Quarterly*, Vol.4, No.2 (1910), pp.103-105.

Wilfrid Parsons, "The Mediaeval Theory of the Tyrant," *The Review of Politics*, Vol.4, No.2 (1942), pp.129-143.

中文資料：

A.中文專著

程漢大：《英國政治制度史》，北京市：中國社會科學出版社，1995年。

叢日雲：《在上帝與愷撒之間：基督教二元政治觀與近代自由主義》，北京市：生活‧讀書‧新知三聯書店，2003年。

叢日雲：《西方政治文化傳統》，大連市：大連出版社，1996年。

范明生：《古希臘羅馬美學》，北京市：北京師範大學出版社，2013年。

高仰光：《〈薩克森明鏡〉研究》，北京市：北京大學出版社，2008年。

顧鑾齋主編：《西方憲政史》，北京市：人民出版社，2013年。

顧　肅：《西方政治法律思想史》，北京市：中國人民大學出版社，2005年。

郭守田主編：《世界通史資料選輯》（中古部分），北京市：商務印書館，1981年。

何勤華，李秀清主編：《外國法制史》，上海市：復旦大學出版社，2002年。

何勤華，張海斌主編：《西方憲法史》，北京市：北京大學出版社，2006年。
侯樹棟：《德意志中古史——政治、經濟社會及其他》，北京市：商務印書館，2006年。
劉　城：《英國中世紀教會研究》，北京市：首都師範大學出版社，1996年。
馬克垚：《封建經濟政治概論》，北京市：人民出版社，2010年。
孟廣林：《英國封建王權論稿》，北京市：人民出版社，2002年。
孟廣林：《英國「憲政王權」論稿：從〈大憲章〉到「玫瑰戰爭」》，北京市：人民出版社，2017年。
施治生，郭方：《古代民主與共和制度》，北京市：中國社會科學出版社，2002年。
彭小瑜：《教會法研究：歷史與理論》，北京市：商務印書館，2011年。
齊延平：《自由大憲章研究》，北京市：中國政法大學出版社，2007年
汪太賢：《西方法治主義的源與流》，北京市：法律出版社，2001年。
王振槐：《西方政治思想史》，南京市：南京大學出版社，2003年。
謝文鬱：《自由與生存：西方思想史上的自由觀追蹤》，上海市：上海人民出版社，2007年。
徐大同、叢日雲：《西方政治思想史》，天津市：天津人民出版社，2005年，卷2。
閻照祥：《英國政治制度史》，北京市：人民出版社，1999年。
楊昌棟：《基督教在中古歐洲的貢獻》，北京市：社會科學文獻出版社，2000年。
張千帆：《西方憲政體系》（上、下冊），北京市：中國政法大學出版社，2004年。
趙敦華：《基督教哲學1500年》，北京市：人民出版社，2007年。

趙敦華：《人性和倫理的跨文化研究》，哈爾濱市：黑龍江人民出版社，2004年。

鄭寅達：《德國史》，北京市：人民出版社，2014年。

B.譯著

〔義〕阿奎那著，楊天江譯：《論法律》，北京市：商務印書館，2016年。

〔英〕愛德華・甄克斯著，屈文生、任海濤譯：《中世紀的法律與政治》，北京市：中國政法大學出版社，2010年。

〔英〕巴克著，黃維新等譯：《英國政治思想》，北京市：商務印書館，1987年。

〔英〕保羅・維諾格拉多夫著，鐘雲龍譯：《中世紀歐洲的羅馬法》，北京市：中國政法大學出版社，2010年。

〔美〕C・H・麥基文著，翟小波譯：《憲政古今》，貴陽市：貴州人民出版社，2004年。

〔英〕大衛・璐爾斯著，楊選譯：《中世紀思想的演化》，北京市：商務印書館，2012年。

〔英〕戴雪著，雷賓南譯：《英憲精義》，北京市：中國法制出版社，2017年。

〔英〕厄奈斯特・巴克：《希臘政治理論》，長春市：吉林人民出版社，2003年。

〔英〕芬利著，郭小凌、郭子林譯：《古代民主與現代民主》，北京市：商務印書館，2016年。

〔英〕哈耶克著，鄧正來譯：《法律、立法與自由》，北京市：中國大百科全書出版社，2000年。

〔德〕恩斯特・卡西爾著，範進等譯：《國家的神話》，北京市：華夏出版社，2003年，二版。

〔法〕伏爾泰著，梁守鏘等譯：《風俗論（中冊）》，北京市：商務印書館，2013年。

〔德〕格隆曼等著，張載揚等譯：《德意志史》，北京市：商務印書館，1999年，卷1，古代和中世紀，下冊。

〔美〕哈羅德・J・伯爾曼著，賀衛方等譯：《法律與革命──西方法律傳統的形成》，北京市：中國大百科全書出版社，1993年。

〔美〕肯尼思・W・湯普森著，張志銘譯：《憲法的政治理論》，北京：生活・讀書・新知三聯書店，1997年。

〔美〕萊斯利・里普森著，劉曉等譯：《政治學的重大問題：政治學導論》，北京市：華夏出版社，2001年。

〔美〕列奧・施特勞斯著，于璐譯：《西塞羅的政治哲學》，上海市：華東師範大學出版社，2018年。

〔美〕列奧・施特勞斯著，彭剛譯：《自然權利與歷史》，北京市：生活・讀書・新知三聯書店，2006年。

〔美〕路易斯・亨金、阿爾伯特・J・羅森塔爾著，鄭戈等譯：《憲政與權利：美國憲法的域外影響》，北京市：生活・讀書・新知三聯書店，1996年。

〔美〕羅伯特・達爾著，李柏光等譯：《論民主》，北京市：商務印書館，1999年。

〔英〕梅特蘭著，屈文生譯：《歐陸法律史概覽：事件，淵源，人物及運動》，上海市：上海人民出版社，2015年。

〔美〕喬治・薩拜因著，鄧正來譯：《政治學說史（上卷）》，上海市：上海人民出版社，2008年，四版。

〔義〕托馬斯・阿奎那著，馬清槐譯：《阿奎那政治著作選》，北京市：商務印書館，2013年。

〔英〕沃爾特・厄爾曼：《中世紀政治思想史》，夏洞奇譯，南京市：鳳凰出版傳媒集團・譯林出版社，2011年。

〔美〕沃格林著，葉穎譯：《政治觀念史稿・第2卷・中世紀（至阿奎那）》，上海市：華東大學出版社，2009年。

〔美〕沃格林著，段保良譯：《政治觀念史稿・第3卷・中世紀晚期》，上海市：華東師範大學出版社，2008年。

〔古羅馬〕西塞羅著，徐奕春譯：《論老年・論友誼・論責任》，北京市：商務印書館，2013年。

〔英〕約翰・福蒂斯丘爵士著，謝利・洛克伍德編，袁瑜琤譯：《論英格蘭的法律與法制》，北京市：北京大學出版社，2008年。

〔美〕約翰・英格利斯著，劉中民譯：《阿奎那》，北京市：中華書局，2002年。

〔美〕約翰・麥克利蘭著，彭淮棟譯：《西方政治思想史》，北京市：人民出版社，2010年。

〔英〕詹姆斯・C・霍爾特著，畢競悅等譯：《大憲章》，北京市：北京大學出版社，2010年。

C.論文

陳太寶：〈中世紀西歐法律視野下的抵抗權和暴君學說〉，《貴州社會科學》第11期（2011年），頁123-127。

顧鑾齋：〈西方傳統文化中的「同意」因子〉，《文史哲》第2期（2011年），頁138-150。

侯樹棟：〈對中古德意志政治道路問題的思考〉，《北京師範大學學報（社會科學版）》第1期（2016年），頁101-119。

李　筠：〈福蒂斯丘論英國憲政〉，《政治思想史》第1期（2016年），頁87-98。

藺志強：〈「自由」還是「特權」：〈大憲章〉「Libertas」考辨〉，《歷史研究》第3期（2016年）。

藺志強：〈13世紀英國的國王觀念〉,《世界歷史》第2期（2002年），
　　　　頁90-98。
劉林海：〈論中世紀西歐的三等級觀念〉,《北京師範大學學報》第6期
　　　　（2005年），頁94-104。
孟廣林、裴沛：〈《大憲章》的歷史底蘊及其對英國封建君主政治的影
　　　　響〉,《史學史研究》第2期（2016年），頁43-54。
孟廣林：〈試論福特斯鳩的「有限君權」學說〉，載於《世界歷史》第
　　　　1期（2008年），頁27-40。
孟廣林：〈試論中古英國神學家約翰的「王權神授」學說〉,《世界歷
　　　　史》第6期（1997年），頁74-82。
孟廣林：〈「王在法下」的浪漫想像：中世紀英國法治傳統再認識〉,
　　　　《中國社會科學》第4期（2014年），頁182-203。
彭小瑜：〈近代西方古文獻學的發源〉,《世界歷史》第1期（2001
　　　　年），頁111-115。
于　洪：〈論布拉克頓的王權觀念〉,《世界歷史》第1期（2009年），
　　　　頁84-91。
張笑宇：〈索爾茲伯里的約翰與近代西方政治思想的中世紀淵源〉,
　　　　《政治思想史》第2期（2011年），頁104-117。
張　榮：〈論阿伯拉爾的至善與德性觀〉,《哲學研究》第2期（2010
　　　　年），頁65-70。
張　榮：〈罪惡的起源、本質及其和解──阿伯拉爾的意圖倫理學及
　　　　其意義〉,《文史哲》第4期（2008年），頁140-148。
趙文洪：〈中世紀歐洲的反暴君思想〉,《經濟社會史評論》第2期
　　　　（2015年），頁25-35。
周　劍：《「12世紀文藝復興」及其在英國的表現》（呼和浩特市：內
　　　　蒙古大學碩士學位論文，2007年）。

周前程：《人性與政治》，（北京市：中共中央黨校博士學位論文，
　　　2009年）。
周詩茵：〈理想模式與政治現實的互動——索爾茲伯里的約翰教會——
　　　國家關係思想的發展〉，《首都師範大學學報（哲學社會科學
　　　版）》第6期（2012年），頁9-15。
周秀文：《人文主義概念的歷史界定》（長春市：東北師範大學碩士學
　　　位論文，2006年）。

工具書：

《聖經》，上海市：中國基督教協會，2000年，新標準修訂版和合本。
卓新平：《基督教小辭典》，上海市：上海辭書出版社，2001年。
新華通訊社譯名資料組編：《英語姓名譯名手冊》，北京市：商務印書
　　　館，1985年，三版。
New Catholic Encyclopedia, Detroit, MI: Thomson/Gale; Washington, D.C.:
　　　Catholic University of America, 2003.
Oxford Latin Dictionary, Oxford: The Clarendon Press, 1968.

史學研究叢書・歷史文化叢刊 0602030

王權與法律：中古後期西歐知識分子的政治思想研究

作　　者	趙卓然
責任編輯	丁筱婷
特約校稿	彭馨檢

發 行 人	林慶彰
總 經 理	梁錦興
總 編 輯	張晏瑞
編 輯 所	萬卷樓圖書股份有限公司
排 版	林曉敏
封面設計	黃筠軒
印 刷	百通科技股份有限公司

發　行　萬卷樓圖書股份有限公司
臺北市羅斯福路二段 41 號 6 樓之 3
電話 (02)23216565
傳真 (02)23218698
電郵 SERVICE@WANJUAN.COM.TW

香港經銷　香港聯合書刊物流有限公司
電話 (852)21502100
傳真 (852)23560735

ISBN 978-626-386-201-2
2025 年 1 月初版
定價：新臺幣 280 元

如何購買本書：
1. 劃撥購書，請透過以下郵政劃撥帳號：
　帳號：15624015
　戶名：萬卷樓圖書股份有限公司
2. 轉帳購書，請透過以下帳戶
　合作金庫銀行　古亭分行
　戶名：萬卷樓圖書股份有限公司
　帳號：0877717092596
3. 網路購書，請透過萬卷樓網站
　網址 WWW.WANJUAN.COM.TW

大量購書，請直接聯繫我們，將有專人為您服務。客服：(02)23216565 分機 610

如有缺頁、破損或裝訂錯誤，請寄回更換
版權所有・翻印必究
Copyright©2025 by WanJuanLou Books CO., Ltd.
All Rights Reserved　　　Printed in Taiwan

國家圖書館出版品預行編目資料

王權與法律：中古後期西歐知識分子的政治思想研究/趙卓然著. -- 初版. -- 臺北市：萬卷樓圖書股份有限公司, 2025.01
　面；　公分. -- (史學研究叢書. 歷史文化叢刊 ; 602030)
ISBN 978-626-386-201-2(平裝)
1.CST: 西洋政治思想　2.CST: 知識分子　3.CST: 中古史
570.9403　　　　　　　　　113017582